数字化转型下高等职业教育人才培养研究与实践

罗立娜 周欢伟 方恩权 雷　刚 罗棋瑜 著

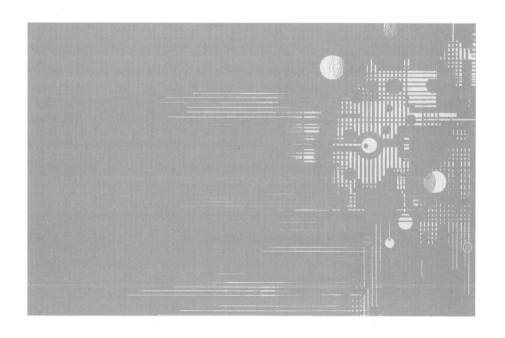

西南交通大学出版社

·成　都·

图书在版编目（CIP）数据

数字化转型下高等职业教育人才培养研究与实践 /
罗立娜等著. -- 成都：西南交通大学出版社，2025.
1. -- ISBN 978-7-5774-0243-7

Ⅰ. G718.5

中国国家版本馆 CIP 数据核字第 2024RJ2043 号

Shuzihua Zhuanxing Xia Gaodeng Zhiye Jiaoyu Rencai Peiyang Yanjiu yu Shijian

数字化转型下高等职业教育人才培养研究与实践

罗立娜　周欢伟　方恩权　雷　刚　罗棋瑜　**著**

策划编辑	罗在伟
责任编辑	秦　薇
责任校对	左凌涛
封面设计	原谋书装

出版发行	西南交通大学出版社
	（四川省成都市金牛区二环路北一段 111 号
	西南交通大学创新大厦 21 楼）
邮政编码	610031
营销部电话	028-87600564　028-87600533
网址	https://www.xnjdcbs.com
印刷	成都勤德印务有限公司

成品尺寸	170 mm×230 mm
印张	12
字数	173 千
版次	2025 年 1 月第 1 版
印次	2025 年 1 月第 1 次
定价	68.00 元
书号	ISBN 978-7-5774-0243-7

在 21 世纪的今天，数字化转型已成为全球企业不可逆转的趋势，不仅深刻影响着每一个行业和组织，而且重塑了经济格局。随着信息技术的迅猛发展，数字经济时代已经到来，新质生产力正逐渐成为推动社会进步和经济增长的核心动力。在这样的背景下，高职教育作为连接教育与产业的重要桥梁，其改革与创新显得尤为重要和迫切。

数字化转型要求企业具备更高效、更智能、更灵活的生产和服务能力，是时代发展的必然选择。面对世界范围内新一轮产业革命的兴起，以及我国培育经济发展新动能的显著成效，企业必须把握机遇，积极应对数字化转型带来的挑战。人才是第一资源，尤其在数字化转型的背景下，新型技术技能人才的培养成为高职教育的时代使命。

本书深入探讨了数字化转型的时代背景、新质生产力的内涵与特征，以及高职教育如何在数字化转型的浪潮下进行全面的教育改革，以培养适应新时代需求的新型技术技能人才。全书内容丰富，涵盖了数字化转型的必然性，高职教育面临的挑战与机遇，人才培养规格的调整与优化，共享共治育人平台的构建，智慧校园与智慧教育的发展，教学改革的路径与实践，以及人才可持续发展等多个方面。本书的特色主要体现在以下几个方面：

1. 紧跟时代潮流，聚焦数字化转型

本书紧扣数字化转型的时代主题，深入分析了数字化转型的背景、意义及其对高职教育的影响。在当前数字经济快速发展的背景下，这一选题具有极高的现实意义和前瞻性，能够为读者提供最新的行业洞察和趋势预测。

2. 多维度剖析，视角独特

本书从多个维度对高职教育数字化转型进行了剖析，包括人才培养规格的调整、共享共治育人平台的构建、智慧校园与智慧教育的发展、教学改革的路径与实践以及人才可持续发展等。这些维度相互关联、相互促进，共同构成了高职教育数字化转型的完整框架。同时，本书还从产业、教育、人才等多个视角出发，对高职教育数字化转型进行了全面审视和深入思考，为读者提供了独特的观察视角和思考维度。

3. 案例丰富，具有借鉴意义

本书以广州铁路职业技术学院为实践样本，系统探讨高职教育数字化转型的理论内涵与实践路径。通过理论层面解构数字化转型对教育生态的重构逻辑，结合院校级典型案例的深度剖析，使本书既具有对数字化教育本质特征的前沿性阐释，又形成可迁移复制的操作框架，为职业院校提供了涵盖顶层设计到落地实施的数字化转型立体化解决方案。

4. 强调创新，引领未来

本书在探讨高职教育数字化转型的过程中，始终强调创新的重要性。无论是在人才培养规格的调整、教学模式的改革上，还是在智慧校园的建设等方面，都体现了创新的精神和理念。这种强调创新的态度和做法，有助于引领高职教育未来的发展方向和趋势。

本书紧跟时代潮流，理论与实践相结合，加之多维度的剖析视角、丰富的案例以及强调创新的精神和理念，具有一定的学术价值和实用价值。本书不仅能够为高职教育工作者提供有益的参考和借鉴，还能够为教育研究者、政策制定者以及企业培训与发展部门等相关领域的人士提供相应的启示和帮助。

作　者

2025 年 1 月于广州

CONTENTS

目　录

1 数字时代
——新质生产力

1.1 数字经济与企业转型

1.1.1 数字经济时代

数字经济，是指在大数据、云计算、物联网、区块链、人工智能、5G通信等新兴技术支持下，人类通过大数据（数字化的知识与信息）的识别—选择—过滤—存储—使用，引导、实现资源的快速优化配置与再生，实现经济高质量发展的经济形态，也是继农业经济、工业经济之后的主要经济形态。数字经济以数据资源为关键要素，以现代信息网络为主要载体，以信息通信技术融合应用、全要素数字化转型为重要推动力，推动人类经济形态由工业经济向信息经济—知识经济—智慧经济形态转化，极大地降低社会交易成本，提高资源优化配置效率，提高产品、企业、产业的附加值，催生"新质生产力"，促进社会生产力快速发展。

近年来，互联网、大数据、云计算、区块链等技术加速创新，日益融入经济社会发展各领域全过程，数字经济发展速度之快、辐射范围之广、影响程度之深前所未有，正在成为重组全球要素资源、重塑全球经济结构、改变全球竞争格局的关键力量[1]。习近平总书记在中国共产党第二十次全国

---

1 习近平：不断做强做优做大我国数字经济[J]. 中国建设信息化，2022（03）：2-3.

代表大会上的报告指出，"加快发展数字经济，促进数字经济和实体经济深度融合，打造具有国际竞争力的数字产业集群。"[1]要促进数字技术与实体经济深度融合，实现赋能传统产业转型升级，催生新产业、新业态、新模式，必须把数字经济由点到面、由表及里、由浅入深渗透、融入和应用到实体经济各领域全过程，在更大范围、更深层次赋能实体经济发展，加快摆脱传统增长路径、适应高质量发展要求，引领生产力跃迁，推动形成数字经济时代更具创新性、融合性的新质生产力。

发展数字经济既指提供数字技术、产品、服务、基础设施和解决方案，以及完全依赖于数字技术、数据要素的各类经济活动，又指应用数字技术和数据资源为传统产业带来的产出增加和效率提升，即通过数字技术与实体经济的融合，实现传统产业转型升级，催生和壮大"新质生产力"。现实中，从网购到智慧管理，数字经济已渗透到社会的各个领域，旧的模式终将被打破，新的模式也将被创造，而这一切都离不开"新质生产力"的推动和引领。

1.1.2　新质生产力

在 21 世纪的全球化浪潮中，生产力的发展模式正经历着前所未有的变革。2024 年 3 月，习近平总书记在参加十四届全国人大二次会议江苏代表团审议时强调，要牢牢把握高质量发展这个首要任务，因地制宜发展新质生产力。面对新一轮科技革命和产业变革，我们必须抢抓机遇，加大创新力度，培育壮大新兴产业，超前布局建设未来产业，完善现代化产业体系。习近平总书记在多次考察调研中强调了新质生产力的重要性，指出这是推动经济社会高质量发展的关键力量。与此同时，高职教育的数字化转型作为教育现代化的重要标志，也深刻影响着人才的培养模式和教育生态的重构。

1　【每日一习话】加快发展数字经济 促进数字经济和实体经济深度融合[EB/OL].
（2024-05-23）[2025-04-06]. https://news.cnr.cn/dj/sz/20240523/t20240523_52671
4605.shtml.

1. 新质生产力的内涵

新质生产力是创新起主导作用，摆脱传统经济增长方式、生产力发展路径，具有高科技、高效能、高质量特征，符合新发展理念的先进生产力质态。它由技术革命性突破、生产要素创新性配置、产业深度转型升级而催生，以劳动者、劳动资料、劳动对象及其优化组合的跃升为基本内涵，以全要素生产率大幅提升为核心标志，特点是创新，关键在质优，本质是先进生产力。[1]如图 1.1 所示。它不仅是生产力量的增长，更是质的飞跃，代表着先进生产力的发展方向和未来趋势。

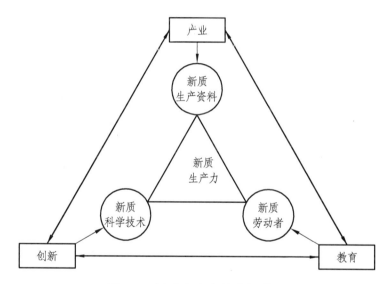

图 1.1　新质生产力的内涵体系

具体而言，新质生产力的内涵主要包括以下几个方面：

（1）科技创新的核心驱动：新质生产力的显著特点是创新，既包括技术和业态模式层面的创新，也包括管理和制度层面的创新。创新能够催生新产业、新模式、新动能，是发展新质生产力的核心要素。科技成果转化

---

1 深刻把握新质生产力的科学内涵、鲜明特征与培育路径[EB/OL].（2024-05-24）[2025-04-06]. http://www.qstheory.cn/2024-03/08/c_1130086824.htm.

为现实生产力，表现形式为催生新产业、推动产业深度转型升级。[1]新质生产力以科技创新为核心驱动力，强调原始创新、集成创新和引进消化吸收再创新的重要性。通过加强基础研究、应用研究和产业化对接，不断催生新技术、新产品、新业态，为经济社会发展提供源源不断的动力。

（2）高级生产要素的整合优化：新质生产力注重知识、技术、信息、数据等高级生产要素的整合与优化。这些高级生产要素具有无限增值潜力和高附加值特性，能够显著提高生产效率和产品质量，推动产业向价值链高端攀升。

（3）产业体系的深度重构：新质生产力要求对传统产业体系进行深度重构，推动产业结构优化升级。通过发展新兴产业，改造提升传统产业，促进产业融合发展，形成具有国际竞争力的现代产业体系，为经济社会发展提供坚实支撑。

（4）绿色发展理念的深入贯彻：新质生产力强调绿色发展理念的重要性，要求在生产过程中注重资源节约和环境保护。通过推广绿色低碳技术、发展循环经济、加强生态环境保护等措施，实现经济社会可持续发展。

2. 新质生产力的特征

（1）高科技含量：新质生产力以高科技为支撑，广泛运用现代信息技术、生物技术、新材料技术、新能源技术等高新技术成果，推动生产力水平大幅提升。这些高科技成果不仅提高了生产效率和产品性能，还催生了大量新兴产业和新兴业态。

（2）高效能输出：新质生产力通过优化生产要素配置、改进生产工艺流程、提高管理水平等措施，实现了生产效能的显著提升。这种高效能输出不仅体现在量的增长上，还体现在质的提升上，即能够以更少的投入获得更大的产出。

---

1 习近平：发展新质生产力是推动高质量发展的内在要求和重要着力点[EB/OL].（2024-05-31）[2025-04-06]. http://www.qstheory.cn/dukan/qs/2024-05/31/c_11301 54174.htm.

（3）高质量产出：新质生产力追求高质量产出，注重产品的品质和附加值。通过加强质量管理、提升品牌影响力、拓展国际市场等措施，推动产品向高端化、品牌化、国际化方向发展。这种高质量产出不仅满足了消费者日益增长的需求，也为企业赢得了更广阔的市场空间和发展机遇。

此外，新质生产力还具有高度的动态适应性，能够迅速适应市场变化和技术发展趋势。通过加强研发投入、完善创新体系、培养创新人才等措施，保持持续的技术创新能力和市场竞争力。这种动态适应性使得新质生产力能够在激烈的市场竞争中立于不败之地。

3. 新质生产力与企业数字化转型的关系

在新时代的经济浪潮中，新质生产力与企业数字化转型犹如双轮驱动，共同推动着企业乃至整个经济体向更高层次迈进。这两者之间的关系复杂而深刻，不仅体现在技术层面的融合与创新，还涉及组织结构、管理模式、市场策略等多方面的变革与重构。

（1）新质生产力为企业数字化转型提供动力源泉。

① 科技创新的引领作用。新质生产力的核心在于科技创新，它代表着技术的前沿与进步。随着大数据、云计算、人工智能、物联网等先进技术的不断成熟与应用，企业数字化转型获得了强大的技术支撑。这些技术不仅提升了企业的生产效率与产品质量，还为企业带来了全新的商业模式和服务方式。例如，通过大数据分析，企业可以更精准地把握市场需求与顾客偏好，从而优化产品设计与营销策略；人工智能的应用则使企业能够实现自动化生产、智能决策等高级功能，进一步提升运营效率与管理水平。

② 生产要素的优化配置。新质生产力强调生产要素的创新性配置，即通过知识、技术、信息等高级生产要素的整合与优化，实现资源的高效利用与价值创造。在企业数字化转型过程中，这种生产要素的优化配置显得尤为重要。通过数字化手段，企业可以实现对生产流程、供应链管理等关键环节的实时监控与动态调整，确保资源的高效配置与合理利用。同时，数字化平台的建设也为知识共享、技术协作提供了便捷渠道，促进了企业

内部与外部创新资源的有效整合。

（2）企业数字化转型促进新质生产力的形成与发展。

① 生产过程的智能化升级。企业数字化转型的核心在于生产过程的智能化升级。通过引入智能制造系统、物联网技术等先进手段，企业可以实现生产流程的自动化、智能化与集成化。这种智能化升级不仅提高了生产效率与产品质量，还为企业带来了更加灵活的生产能力与快速响应市场变化的能力。这种能力的提升正是新质生产力形成的重要标志之一。随着生产过程的智能化程度不断提高，企业将逐步摆脱对传统生产要素的过度依赖，转向以知识、技术为核心的新质生产力发展模式。

② 组织结构的扁平化与网络化。企业数字化转型还伴随着组织结构的扁平化与网络化变革。传统科层制组织结构往往存在决策效率低、信息传递不畅等问题，难以适应快速变化的市场环境。而数字化转型则通过构建数字化平台、推动信息共享与协同合作等方式，促进了组织结构的扁平化与网络化发展。这种变革不仅提高了企业的决策效率与市场响应速度，还增强了组织的灵活性与创新能力。这些变化为新质生产力的形成与发展提供了有力的组织保障与支持。

③ 市场策略的精准化与个性化。数字化转型还使企业能够更加精准地把握市场需求与顾客偏好，从而制定更加精准化与个性化的市场策略。通过大数据分析、社交媒体监测等手段，企业可以实时了解市场动态与顾客反馈，及时调整产品设计与营销策略以满足市场需求。这种精准化与个性化的市场策略不仅提高了企业的市场竞争力与顾客满意度，还为企业带来了更加可持续的增长动力。这种增长动力的源泉正是新质生产力所蕴含的创新能力与价值创造能力。

（3）新质生产力与企业数字化转型的相互促进与融合。

① 技术创新与商业模式创新的双轮驱动。新质生产力与企业数字化转型之间存在着技术创新与商业模式创新的双轮驱动关系。技术创新为企业提供了先进的技术手段与工具支持，推动了生产过程的智能化升级与组织结构的扁平化、网络化变革；而商业模式创新则通过探索新的盈利模式与

价值创造方式，为企业带来了更加广阔的市场空间与增长潜力。这两者相互促进、相互融合共同推动着企业向更高层次迈进。例如，一些企业通过引入智能制造技术实现了生产过程的自动化与智能化升级；同时他们还积极探索基于大数据、云计算等新技术的商业模式创新，如共享经济、平台经济等为企业带来了全新的增长动力与市场机遇。

②数字化转型加速新质生产力的应用与扩散。数字化转型不仅为新质生产力的形成与发展提供了有力支持，还加速了其应用与扩散过程。通过构建数字化平台、推动信息共享与协同合作等方式，数字化转型降低了新质生产力应用门槛与成本，促进了其在企业内部的广泛普及与应用。同时，数字化转型还加强了企业之间的联系与合作，促进了新质生产力在不同企业之间的传播与扩散。这种应用与扩散过程不仅提升了整个产业生态的创新能力与竞争力，还为社会经济发展注入了新的活力与动力。

③新质生产力引领企业数字化转型方向。新质生产力作为先进生产力的代表，不仅推动了企业数字化转型的进程，还引领了其发展方向。随着新质生产力的不断发展与成熟，企业数字化转型的重点也将逐渐从单一的技术应用转向更加全面深入的变革与创新。例如，从简单的生产过程自动化向智能制造系统建设转变；从单纯的信息共享向基于大数据的决策支持系统建设转变；从传统的科层制组织结构向更加灵活高效的扁平化网络化组织结构转变等。这些转变都将受到新质生产力的深刻影响与引领，推动企业在数字化转型的道路上不断前行并取得更加辉煌的成就。

1.1.3 数字技术

数字化转型是一种以数字技术为基础的全面转型过程，涵盖了人工智能、大数据、云计算、物联网等先进技术的广泛应用和创新。这些技术的融合与发展，将物理世界和数字世界相连接，实现信息的智能化采集、处理、分析和利用，正在深刻地改变着传统行业和组织的运营方式。先进的数字技术是数字化转型的核心，其深度应用将对企业的生产和管理产生深刻影响，具体如下：

（1）与互联网、移动互联网、工业 Wi-Fi 等相关的通信技术。

（2）以物联网和数字化智能硬件设备为主的数字采集设备与反向伺服设备。通过连接各种设备和传感器，实现数据的实时监测和远程管理，为企业带来了更高效、更可靠的运营模式。

（3）各种软件应用在社交上的应用和创新。

（4）数据分析和挖掘的技术。大数据分析技术运用各种数据分析工具和算法，从海量数据中挖掘有价值的信息，进行决策和业务优化，是数字化转型的核心技术。

（5）区块链技术。区块链技术是虚拟世界的信用机制，类比现实世界的信用机制，现实世界的信用机制衍生了金融体系，使人类经济获得高速发展，虚拟世界的信用机制技术——区块链技术将在未来的数字世界获得更有前景的应用，但这一技术目前还未得到充分发展。

（6）云计算技术。作为未来大数据计算技术实现的最重要手段和工具，云计算已经成为企业信息化建设的重要组成部分，涵盖了云平台的搭建与管理、云存储和云安全等方面的技术，可以为企业提供弹性的计算和存储资源，支持数据平台的快速发展和应用的普及化。

（7）虚拟现实、强化现实和数字孪生技术。通过虚拟现实技术和强化现实技术，可以构筑一个虚拟空间，成为真实物理世界的补充，从而在构筑物理世界时能够事前优化对物理世界的设计和规划。数字孪生技术也为设计、研发和工艺制造环节及制作物理空间副本提供了新的思路。

（8）人工智能技术。人工智能已经深刻地影响了社会和产业发展，可以帮助企业实现自动化和智能化，提高生产效率和客户服务质量。

数字技术的嵌入增强了企业的资源整合能力，通过与外部资源的协调合作，促进异质性知识的融合，提升企业的技术创新能力。更多的创新合作有助于提升企业的知识宽度，拓展高质量技术创新的知识供给，推动企业技术创新的"增量提质"。因此，企业在数字化转型过程中应当重视数字技术的应用，通过优化数据管理和业务流程，重构组织架构，实现技术创新和商业模式的转型，从而提升竞争力，适应数字经济时代的发展需求。

1.1.4 企业转型路径

数字科技的发展正在重塑人类社会生活方式，成为国际竞争、产业转型和企业变革创新的推动力量。企业作为数字经济的微观载体，承担着数字化浪潮下的转型与升级任务，促进数字经济创造和经济高质量发展。企业数字化转型实现了数字科技与生产发展深度融合，推动企业向数字化、智能化组织体系转变。

十三届全国人大四次会议通过的《中华人民共和国国民经济和社会发展第十四个五年规划和 2035 年远景目标纲要》中，强调加快数字化发展，推动生产、生活和治理方式变革，促进数字技术与实体经济融合，推动产业数字化转型[1]。我国"十四五"规划，将数字经济独立成篇，从经济、社会、政府、生态四个方面，为我国数字经济的发展指明了方向。企业数字化转型是时代的必然选择，是未来企业的生存之路。数字化转型聚焦应用数字技术变革组织活动、流程、模式和能力，以重塑组织的价值主张，构建发展新生态，是一个多路径、多维度和多层次的组织转型过程。

数字化转型是驱动数字经济发展的核心力量，通过技术创新与模式革新加速了数字技术与实体产业的有机衔接，不仅有效增强企业运行效能和竞争优势，更能推动产业体系升级，激发创新生产力，并为经济结构优化注入持续动能。在构建现代化产业生态过程中，数字化转型通过技术渗透和要素重组，正在重塑生产制造与服务体系的底层逻辑。在数字经济背景下，数字化转型变革是数字科技与企业战略深度融合的过程，通过学习、融通、创新和协作，使企业资源、竞争方式、商业模式、业务流程等发生数字化演变。成功的数字化转型企业能够提升技术创新能力、价值创造能力和风险抵御能力。数字化转型将企业带入新的发展阶段，重构组织的价值主张，构建新的发展生态，是一个多路径、多维度和多层次的组织转型

---

[1] 滚动新闻. 中华人民共和国国民经济和社会发展第十四个五年规划和 2035 年远景目标纲要[EB/OL].（2021-03-13）[2024-05-15]. https://www.gov.cn/xinwen/2021-03/13/content_5592681.htm.

过程。企业数字化转型不仅有助于优化和重组企业生产要素，构建新的生产函数，还能促进技术创新和商业模式转型，提高企业的竞争力和适应力。图 1.2 为新兴知识的学习与形成知识革命的关系。

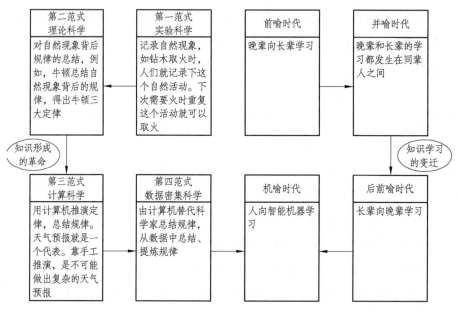

图 1.2　知识学习的变迁与知识形成的革命

所谓数字化转型，是指企业在生产、经营及管理等方面应用数字技术改变原有业务流程的过程。目前，企业数字化转型已成时代趋势，越来越多的企业走上了数字化转型升级之路。对企业来说，整合、积累、分析和挖掘数据，并利用到每个领域、每个流程与每个细节，不断迭代算法，尤为重要。

随着数据技术的发展，企业面临着来自新兴数据技术的挑战，也受益于这些技术带来的高效性、精准性和更好的客户体验。企业需要制订数字化战略，整合各类数字化工具和技术，实现全面、系统的数字化升级，促进供应链、产业链、价值链和创新链的协同发展。通过应用信息系统、智能硬件、人工智能技术等，提高流程效率，实现智能化控制和自学习优化。引入算法和人工智能技术，构建智能化管理体系，实现智能决策和智慧决策的升级。最终，企业利用数据分析和人工智能做出智能决策，通过人机协作提高工作效率，实现工业智能升级和智慧决策升级。企业应该从单一到系统、从点到面推动变革，抓住关键场景进行有序的数字化转型，促进企业整体数字化转型的推进。

随着数字战略认知能力的提升，在面临技术突破瓶颈和未来价值创造需求等多重因素下，企业把握数字化进程发展主动权和构筑先发优势，通过以颠覆式创新和数字化领先赋能，以内源动力激发创新活力，以打造全面的数智化体系驱动企业商业模式、业务模式和组织模式创新，整合外部生态链技术创新资源，构建产业链、供应链和价值链生态网络，突破数字化发展瓶颈，推动创新价值链重构与攀升。

1.2　企业数字化转型特征

在企业数字化转型中，数据技术创新引发商业模式、组织结构与业务流程不断升级更新。随之而来，企业自身竞争优势和在产业链的位置不断变化，出现了具有时代特征的新模式，如信息数据的共享与决策、产品服务化、服务智能化等。

数字化转型（Digital Transformation）是以数字技术为核心驱动力，通过系统性重构组织要素与战略架构，实现商业模式革新与价值创造方式升级的动态演进过程。这一转型在技术维度体现为数字基础设施与智能工具的全方位渗透，企业通过部署云计算、大数据、人工智能等技术集群，不仅实现业务流程自动化与运营效率提升，更重要的是催生产品服务形态的数字化迭代，例如基于物联网的智能硬件开发或依托数据分析的个性化服务定制，由此形成技术驱动型的价值增值路径。在组织层面，转型突破传统科层架构的刚性约束，推动组织结构向扁平化、网络化方向演进，同步重塑数据驱动的决策机制与创新导向的文化基因，使组织能力从经验依赖转向算法优化，从部门割裂转向跨域协同，构建起适应数字生态的敏捷响应体系。战略层面的转型则表现为价值主张的根本性革新，企业通过数字技术重新定义客户关系维护模式，重构供应链协同机制，创新利润获取方式，例如将实体产品延伸为"产品+数据服务"的复合形态，或通过平台化战略整合产业生态资源。这种转型并非单一维度的技术应用或流程改良，而是技术渗透、组织变革与战略创新三者深度耦合的系统工程，其本质是通过数字技术引发的连锁反应，持续解构传统生产要素配置方式，重构适应数字经济时代的核心竞争力体系，最终实现企业在价值创造、传递与捕获全链条的数字化跃迁。

数字化转型的内涵主要包括以下几个方面：

（1）技术驱动：数字化转型是一种以数字技术为基础的全面转型，是指人工智能、大数据、云计算、物联网等先进技术的广泛应用和创新。这些技术的融合与发展正在深刻地改变着传统行业和组织的运营方式，推动企业实现智能化、自动化和高效化。数字化转型的核心在于利用先进的数字技术，将物理世界和数字世界相连接，实现信息的智能化采集、处理、分析和利用。人工智能、大数据、云计算和物联网等技术在这一过程中扮演着重要的角色，促进了企业运营的智能化和自动化。同时，数字化转型也需要企业领导层有清晰的数字化转型愿景和战略规划，贯穿于组织的各个层级和业务领域。建立灵活的组织架构和工作流程，培养具备数字化思维和技能的人才，与合作伙伴进行紧密合作和协同创新也是至关重要的。数字化转型不仅是技术的应用，更是一种全面的战略和文化变革，要求企业不断创新和进化，以适应快速变化的市场需求。只有紧跟数字化转型的步伐，企业才能在竞争激烈的市场中保持竞争力并实现可持续发展。

（2）业务变革：数字化转型作为一种综合性战略，旨在通过重新设计和优化企业的业务模式、价值链和运营流程，实现企业经营管理方式的全面提升。数字化转型不仅是技术的变革，更是对企业核心要素的重新定义和组织架构的重构。在数字化转型中，企业需要重新审视自身的业务模式，探索新的盈利模式，创造新的产品和服务，以适应快速变化的市场需求和消费者行为的转变。优化和重构企业的价值链，实现供应链、生产流程、销售渠道等环节的智能化和自动化管理，有助于提高效率，降低成本，并增强与供应商、合作伙伴之间的协同效应。重新设计和优化运营流程，实现业务流程的全面数字化和自动化管理，有助于提高工作效率，降低错误和风险，并为管理者提供更准确、及时的信息支持，以便做出更明智的决策。数字化转型不仅是对技术的应用和创新，更是对企业经营管理方式的全面提升。通过数字化转型，企业可以更好地适应市场竞争压力，提升竞争力，并实现可持续发展。这需要企业在数字化转型过程中注重战略规划、组织架构的调整、人才培养以及与合作伙伴的紧密合作，以确保数字化转型的成功实施和持续发展。

（3）用户体验：数字化转型注重通过提升用户体验来满足用户需求，通过数字化手段和技术创新来改善用户对产品和服务的感知和满意度。在数字化转型的背景下，企业将用户置于核心位置，重视用户体验的重要性，以实现商业增长和客户忠诚度的提高。数字化转型推动了企业对用户需求和期望的更深入理解，通过数据分析和用户调研等手段获取更全面、准确的用户洞察，有助于了解用户痛点、偏好和行为习惯等，为产品和服务的优化提供指导。通过引入人工智能、大数据分析、物联网等技术，企业可以提供更个性化、智能化的产品和服务，实现对用户行为的预测，提供个性化推荐和定制化产品。数字化转型还通过提升用户体验来增加用户的参与度和品牌忠诚度，建立数字化平台和社区与用户互动和沟通，加强用户对品牌的信任和认同。提供更便捷、高效的购物体验和售后服务，有助于获得更满意的用户口碑和更好的传播效果。这种注重用户体验的转型不仅满足用户需求，还增加用户参与感和忠诚度，为企业带来持续的商业增长。总的来说，数字化转型强调了提升用户体验的重要性，企业通过数字化手段和技术创新不断改善用户对产品和服务的感知和满意度，从而实现商业增长和客户忠诚度的提高。

（4）数据驱动：数字化转型下数据的收集、分析和运用对企业至关重要。数据成为宝贵的资源和竞争优势，通过数据洞察做出准确决策，推动业务变革和提升效益。数字化转型助力企业收集大量数据，通过数字化技术、传感器和物联网实时、自动地获取各种数据，包括用户行为、销售和供应链等数据，丰富信息基础。数据的深度分析通过数据分析工具、机器学习和人工智能发现有价值信息和趋势，帮助企业了解市场需求、产品优化和资源配置，为决策提供支持。数字化转型推动企业将数据运用于业务变革和效益提升，通过基于数据的决策精准识别和满足客户需求，优化运营流程、改进产品和服务，发现新商机、降低风险、优化资源配置，提高效益和利润。数字化转型强调数据的收集、分析和运用，通过数据洞察做出决策，推动业务变革和增加效益。充分利用数据资源，企业获取深入洞察，优化决策过程，迅速响应市场变化，实现业务增长和竞争优势。

（5）组织变革：数字化转型作为一场全面的变革，需要企业进行整体组织架构和文化的变革，包括领导层的重要角色、员工的数字化技能培养和思维方式的转变。领导层在数字化转型中扮演着重要角色，需要具备数字化思维和战略眼光，明确数字化转型的目标和愿景，并将其纳入企业的发展战略中。他们需要引领整个组织进行变革，提供资源支持和推动力，树立以数据为基础的决策文化，鼓励创新和实验，并进行相应的风险管理和治理。员工的数字化技能培养至关重要，企业应通过培训和教育计划帮助员工掌握数字化工具和技术，提高数据分析和解读能力，培养创新思维和问题解决能力，鼓励学习和知识共享的文化，营造积极的数字化学习氛围。数字化转型还需要企业进行思维方式的转变，打破传统的部门壁垒和功能性思维，构建开放、协作的工作环境，推动信息共享和沟通，消除信息孤岛现象。此外，数字化转型还要求企业具备快速适应变化的能力，接受试错和持续创新的理念。数字化转型需要企业进行整体组织架构和文化的变革。领导层的重要角色、员工的数字化技能培养和思维方式的转变都是关键的方面。只有在整个企业的共同努力下，才能够顺利实现数字化转型的目标，提高企业的竞争力和适应力。

1.2.1 企业数字平台

数据技术除了具有实现瞬时决策、敏捷性、迭代升级等特点外，还打通产业链，建立新的交易模式，实现物、技术、流程、生产、劳动力、空闲资源等的交易，驱动工业互联网转型升级。

（1）数据技术驱动产业链优化：企业应用数据技术，实现了整个产业链的互联互通，建立起高效的信息流通机制，有助于优化生产流程、提高生产效率、降低成本，并加快产品的上市速度。数据技术的应用还可以促进产业链上各环节之间的合作与协同，实现资源共享、信息共享，推动产业链的协同发展。

（2）数字化系统集成与迭代升级：企业在数字化转型过程中，需要不断完善各系统架构，打通系统链路，形成数字化系统集成。借助系统的迭代升级和探索式创新，企业可以不断提升数字化能力，适应市场需求的变化，从而实现持续的业务增长和创新。

（3）数据共享与管理：企业需要建立开放性的信息系统，通过大数据平台实现信息的及时共享，在整个产业链上实现互联互通，优化业务往来的效率。同时，提升数据体系质量，实现数据的无损共享和有效聚合，以确保数据在组织内部各层级之间高效传输和共享，为决策提供有效支持。

（4）产业生态共建：企业通过整合多链资源，建设生态共同体，提升数字化能力，实现社会化发展模式。在数字化转型过程中，企业需要与合作伙伴共同构建开放、协作的生态系统，促进资源共享、技术交流，实现更高效的产业链运作，创造更大的价值。

数据技术在企业数字化转型中发挥着重要作用，通过打通产业链、数据共享与管理、系统集成与迭代升级等方式，企业可以提升数字化能力，实现价值创造和效益倍增。未来，企业应继续加强对数据技术的应用和创新，不断优化数字化系统，促进产业链的协同发展，实现数字化转型的持续成功。

数据技术在企业数字化转型中扮演关键角色，通过打通产业链、数据共享与管理、系统集成与迭代升级等方式，优化生产流程、提高效率、降低成本，并加快产品上市速度，建立开放性信息系统、实现数据无损共享与有效聚合，促进产业生态共建，共同构建高效的生态系统，实现价值创造和效益倍增，推动数字化转型的成功实现。

1.2.2 数据智慧决策

数字化转型的本质是依托数字科技的迭代与创新实现对企业业务流程、交易模式和组织结构的数字化、智能化改造，并借助数字化系统产生的海量数据和有价值信息的提取，反哺数字化系统的迭代更新过程。

企业应用高效的数据采集、传输和处理硬件设备，通过建立数据中心对数据进行分析和挖掘，为生产、经营和管理提供决策支持，并不断创新迭代优化，从而提升企业洞察市场、洞察用户、洞察行业和产业的能力，形成企业的核心竞争力，使企业成为行业或者市场的领导者。数据技术让企业通过生态体系的广泛连接，采集各方数据，在业务场景中不断积累、建设和完善数据，实时转化为智能分析结果，随时随地为业务场景服务，包括基于客户画像的智能推荐优化系统、随时随地监控业务进展的管理看板/仪表盘系统、高层管理者需要随时了解业务情况的大屏系统，以及能够预警经营风险、管理风险和市场风险的风险监控系统等。

通过数字转型，企业实现生产流程的自动化、集成化、网络化，提高企业生产效率，并对生产环节产生的大数据进行分析，促进产品的开发和改进，提高研发效率和市场效益，实现企业全周期运行赋能。

在数字经济背景下，数据作为生产要素参与收益分配，使大数据成为推动经济高质量发展的新动能。数据的价值除了数据资源本身，还在于数据与具体业务和流程相结合而产生的驱动效应。"数据驱动"已经成为当今社会发展的重要特征，借助"数字孪生"技术，实物产品与数字产品有机融合，形成"实物+数字"复合产品形态。

1.2.3 员工社会化

随着互联网的发展，社交网络发展迅速，各种社交媒体不断涌现，人与人之间从面对面的交流逐步向虚拟社交过渡，使企业的经营和管理方式发生改变。在企业中上下级关系逐步社群化，企业的员工和客户的边界也在逐步被打破，员工社会化和客户员工化逐步成为可能。

在信息技术和数据技术快速发展的过程中，越来越多的企业从原来封闭的组织结构逐步形成开放的组织结构，任何有能力、有技术、有产品的第三方都可以借助信息技术和数据技术参与企业的经营。在企业的边界被打破之后，企业逐步衍生成一种平台化的组织，成为连接劳动者（员工/社会劳动力）和服务对象（客户）的纽带。一方面，借助互联网平台，社会上的闲置劳动力可以参与企业的生产，并获得劳动报酬；另一方面，通过推广企业的产品，客户自己也获得收益，把顾客培养成推广自己产品的销售团队。

1.2.4　平台型敏捷组织

互联网创新应用和数据技术的兴起，使企业面临着快速变化的外部环境，需要企业更敏捷地应对市场需求和变化。产品和服务为中心的平台型组织逐渐崛起，前端、后端、开发、运维等职能被整合到各项目组织中，通过整合社会资源满足客户个性化需求。

如今平台型组织模式打破了传统科层制组织的限制，促进跨部门、跨层级的协作，强调临时组织的灵活性和快速响应能力。这种管理模式要求更高弹性，与传统劳动关系形成差异，使更多人以战略合作伙伴身份参与项目，从而改变了企业组织与人的关系，推动更多人成为自由职业者。打破层级结构和组织管理边界，企业通过生态化用工整合内外部人才资源，逐渐构建人才生态圈，灵活应对临时需求，提高运行效率，降低成本，实现更高效的生态化运作模式。

1.3　时代挑战与应对措施

党的十九大报告指出，我国经济已由高速增长阶段转向高质量发展阶段，正处在转变发展方式、优化经济结构、转换增长动力的攻关期。从世界范围看，新一轮科技和产业革命正在由导入期转向拓展期，颠覆性技术不断涌现，催生大量新技术、新产业、新业态和新模式，经济增长的新动能正在逐步孕育发展。2018 年 9 月 19 日，李克强总理在第十二届夏季达沃斯论坛开幕式上指出："新一轮产业革命孕育兴起，全球创新活力竞相迸发，为世界经济发展注入了新动能。"从一定意义上说，这意味着我国经济发展阶段转换的攻关期与世界范围的新一轮产业革命兴起相叠加。抓住新产业革命的重大机遇，积极推进新旧动能转换，已成为新时代推进我国经济高质量发展的重要要求。

1.3.1 世界范围内新一轮产业革命方兴未艾

近年来，世界范围内以信息化和工业化融合为基本特征的新一轮科技革命和产业变革不断孕育发展。尤其是 2008 年的国际金融危机后的 10 年中，新一轮产业革命步伐加快，由导入期正在转入拓展期。

从技术-经济范式角度分析，新产业革命的技术基础是以信息技术突破应用为主导、大量相互作用的技术组成的高新技术簇群。20 世纪 90 年代以来计算机芯片处理技术、数据存储技术、网络通信技术和分析计算技术获得巨大突破，以计算机、互联网、移动通信和大数据为主要标志的信息技术、信息产品和信息获取处理方法得到指数级增长，信息技术逐步与制造技术深度融合，推动了智能化、数字化、网络化制造技术创新和扩散，形成了新产业革命的复杂技术系统。

技术范式的革命带来了经济范式的革命。一是信息（数据）作为关键生产要素提升了经济社会效率；二是技术革命推动了各生产要素的质变和经济活动的巨大变革，促进了电子商务、智能制造等新生产消费方式的发展；三是智能制造产业快速发展，支持和带动智慧农业、智慧城市、智能交通等智能化各领域的发展，形成以智能制造为核心的现代产业体系；四是生产组织和社会分工向社会化、网络化、平台化、扁平化发展，定制生产成为主流，更加适应以消费者为中心的商业模式，企业组织边界日益模糊，基于平台的共享经济和个体创新创业获得巨大的发展空间。

新产业革命带来了经济发展的新动能，一方面表现在新产业、新业态、新模式不断涌现，另一方面表现在新技术对传统产业的融合提升。从经济增长理论角度看，新产业革命提高了生产要素素质，可能极大提高全要素生产率，为经济增长注入新动能。从总需求看，新工业革命的发展需要，互联网、物联网、智能终端等巨量的新一代基础设施投资需求和分工协作方式的变革也推动了经济增长速度，拓展了范围经济，挖掘了新的增长源泉。新产业革命所塑造的经济发展新动能已初现，未来潜力巨大。

1.3.2　我国培育经济发展新动能成效显著

经济发展新动能，指相对于传统经济增长动能而言，表现在发展新技术、新产业、新业态、新模式，以及促进传统产业与新技术融合发展升级。这种新动能的本质是创新驱动，尤其是数字化、网络化、智能化等科技创新。当前，中国经济已经从高速增长阶段转向高质量发展阶段，需要产业结构向技术密集型产业转变，传统产业需要升级改造，新兴产业需要加速培育。在这一背景下，实现经济增长新旧动能的转换将成为中国经济持续健康发展的关键。

近年来，我国在培育壮大经济发展新动能方面进行了积极探索。2021年，我国数字经济发展取得新突破，数字经济规模达到 45.5 万亿元，同比名义增长 16.2%，高于同期 GDP 名义增速 3.4 个百分点，占 GDP 比重的 39.8%，我国经济在保持中高速增长的同时，总体呈现出科技创新引领作用凸显、新旧动能加速转换的显著特征。

1.3.3　把握机遇，进一步壮大经济发展新动能

新产业革命对于我国实现新旧动能转换、促进经济高质量发展是一次重大历史性机遇。把握新产业革命的机遇，进一步培育壮大我国经济发展新动能，关键要坚持创新发展理念，把创新作为发展第一动力，推动经济实现高质量发展。具体而言，需要在以下三个方面着力推进：

一是通过融合创新促进新兴产业发展，进而壮大经济发展新动能的重要性。关键在于抓住新工业革命的机遇，培育新兴技术和产业发展的方向

和定位。新产业革命代表了工业化和信息化的融合趋势，是未来产业发展的方向。在这一过程中，需要推动制造业与互联网的深度融合，促进制造业向互联网渗透，推动制造企业实现互联网化。这种融合不仅是制造业转型升级的内在需求，也是新经济发展的关键动力。另一方面，需要加强通用技术研究，促进新兴产业的培育和产业融合。尽管具体领域的新兴技术不确定，但通用技术和共性技术是关键。要解决新兴技术产业化障碍，需要加强对通用技术的研究，从体制和投入两方面入手。

二是以制度创新完善创新生态系统，依靠创新能力提升壮大经济发展新动能的重要性。科技创新能力是新动能的基础，而国家科技创新能力的提升需要优化和改善创新生态系统。关键在于顺应新产业革命趋势，通过制度创新深化供给侧结构性改革，构建新型创新平台，提高创新生态系统的开放协同性。建立强有力的知识产权保护体系是其中至关重要的一环。知识产权保护被认为是激励创新最有效、成本最低的制度安排，只有保护好创新主体的知识产权，才能真正激发创新创业的积极性，提升国家的经济创新力和竞争力。未来，需要继续深入实施知识产权战略，完善更加严格的知识产权保护制度，加强执法力量，为各方面创新提供更可靠的保护。

三是通过技术进步推动社会的发展并将其作为最根本的推动力，每一次技术革命均有效促进了社会生产力的发展，给人类的生产、工作和生活带来了巨大而深刻的影响。从技术触发的控制结构转变来看，社会发展经历了机械化、自动化、计算机化和信息化四个技术代际。近年来，全球经济的快速发展和科技的迅猛进步，数字技术推动信息化发生了向数字维度的飞跃，使得新形式的交互、生产和感知的产生成为可能。数字化成为广义信息化历史进程的重要组成部分和关键性要求，也是推动经济增长、提高竞争力的重要手段。

1.3.4　企业数字化之应对措施

在数字化转型过程中，企业通过建设云计算基础设施、数据中心和整合数据平台，实现对数据的采集、存储、清洗、分析和可视化，从而提高数据管理和决策的效率。这些技术的应用使得企业能够更好地利用和获取资源，同时企业的数字化转型是一种机遇，也是一种挑战，具体如下：

（1）构建敏捷技术更新机制：数字化转型对企业至关重要，随着科技的迅猛发展，企业需要紧跟新技术的步伐，建立技术雷达监测体系，通过产学研合作搭建技术试验田，采用模块化架构支撑快速迭代。比如设立技术生命周期管理机制，定期评估遗留系统改造与新兴技术的融合成本，规避技术债务风险；通过与科技公司、研究机构合作，选择最适合的技术路径，企业可以有效驾驭技术更新换代的挑战，保持竞争优势，实现业务的持续发展

（2）构建多层次数据安全防护体系：在数字化转型过程中，企业面临着大量敏感数据的收集和存储，如客户个人信息和财务数据，然而这也带来了潜在的信息安全风险。为确保数据的安全性，企业需要加强信息安全保护措施，实施零信任架构（Zero Trust）与隐私增强技术，构建覆盖数据采集、传输、存储、销毁全周期的防护体系。同时，企业应持续更新安全措施，提高对外部威胁的防御能力。加强员工的安全意识培训也至关重要，企业应开展安全培训课程，普及安全知识，制定明确的安全政策，并进行安全风险评估和漏洞管理。只有确保信息的机密性、完整性和可用性，企业才能在数字化转型中稳健前行，赢得用户的信任与支持。

（3）推动组织结构与文化的适应性变革：在数字化转型过程中，企业需要意识到这不仅仅是技术上的改变，更是一场全面的组织变革。这种变革需要企业具备足够的变革意愿和管理能力，以应对复杂而长期的任务。重新设计组织结构是关键的一步，采用扁平化架构和跨职能团队可以促进协作和创新，提高决策效率。优化流程和工作方式也至关重要，借助数字技术和自动化工具可以简化流程，提高工作效率。在文化方面，培养开放、创新的氛围，鼓励员工学习和知识共享，是数字化转型成功的关键。企业领导层的积极参与和指导也是至关重要的，通过建立数字化转型沙盒机制，允许创新团队在隔离环境中快速试错，配套设计数字化领导力胜任力模型，推动变革并监测其进程和成效。只有全面的组织变革，企业才能成功实现

数字化转型，适应快速变化的市场需求，提升竞争力。

（4）完善数字化人才引育体系：在数字化转型过程中，确保拥有足够的技术和管理人才是至关重要的。当前市场上对数字化转型人才的需求正在迅速增长，但供应却相对不足，各种重复劳动的岗位将被机器替代，生产方式逐渐转向人机协作，管理方式越来越依赖机器算法，企业运行由数据智能决策。数字技术促进产业发生深刻变革，催生新业态，并涌现出新职业和新岗位，这必然对人才提出了新的要求，如图 1.3 所示。在招聘方面，企业需要寻找具备数字化转型所需技术和管理知识的人才，这可能需要在招聘过程中更加灵活和创新。同时，注重人才的培养和发展也是至关重要的。通过内部培训和外部合作，企业可以提升员工的数字化转型能力，以满足业务发展的需求。企业建立生态化用工池，整合众包平台资源，在IT 运维、数据分析等领域实现弹性人力供给，配套内部人才市场，提升跨部门项目组队效率。与外部合作伙伴建立战略合作关系也是一个可行的选择，可以借助外部专业经验和资源来加速数字化转型的进程。综合利用各种方法，企业可以更好地解决数字化转型人才短缺的挑战，推动数字化转型取得成功。

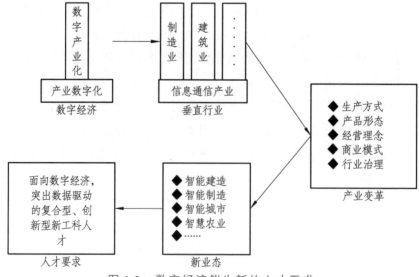

图 1.3　数字经济催生新的人才需求

（5）优化投资结构与资源整合策略：对于中小型企业来说，数字化转型需要进行大量的投资，包括技术设备的更新和改造以及人才培养。这可能给企业带来较大的经济压力。然而，中小型企业可以采取一些策略来应对这种挑战。首先，进行全面的成本效益分析是非常重要的，以确定最迫切和关键的技术更新，并集中资源用于最有利的方面。其次，寻求外部资金支持也是一个有效的策略，可以通过政府补助、贷款、创业基金等方式来获得资金支持。另外，与投资机构或合作伙伴建立战略合作关系也可以分担投资成本和风险。渐进式的数字化转型战略是一个明智的选择，可以降低投资规模和风险，逐步实现目标。此外，与其他企业合作共享资源也是一个可行的策略，可以减轻经济压力并增强竞争力。最后，注重效益追踪和评估是至关重要的，可以帮助企业最大化投资回报并确保可持续发展。通过综合利用这些策略，中小型企业可以有效地推进数字化转型，实现可持续发展。

2 催生需求
——新型技术技能人才

2.1 人才是第一资源

"数字"作为新型生产力的催化剂,已被广泛应用于工作的各个场景中,深刻地改变了各行业的生产方式和社会经济结构。2024 年,人力资源社会保障部等九部门发布了《加快数字人才培育支撑数字经济发展行动方案(2024—2026 年)》,明确用 3 年左右时间,培养大批高水平数字工程师和高技能人才。随着数字职业种类的进一步扩充,亟须完善数字人才培养顶层设计,探索并建立标准的数字人才培养体系。在数字化转型的浪潮中,企业数字化转型的基本特征是数据接入和数字化赋能,强调与数字有关的创新、数字产业化所产生的增量创新,以及实现产业数字化的赋能创新。伴随着产业链条融合,产业链分工被重组,众多新职业和新岗位被催生。数字技术向高端发展,企业必须革新生产方式,构建新的生产活动和组织管理方式。

劳动者是生产力中最活跃的因素,扮演着推动企业数字化转型和产业发展的重要角色,数字化转型成功与否,归根结底取决于劳动者的素质与质量。数字时代下,全球经济信息化和智能化趋势不断增强,随着产业链条的数字化融合和发展,企业必须革新生产方式,构建新的生产活动和管理模式,以适应数字时代的挑战。劳动者的素质和质量将决定数字化转型的成功与否,因此建立高质量、可持续发展的人才队伍成为企业数字化转型的必然选择。

《数字中国发展报告（2023年）》显示，我国数字人才缺口达2500万至3000万，且缺口在持续放大。数字化转型不仅改变了劳动者的工作要求，也拓宽了未来行业产业的发展空间，对创新型人才和复合型技能人才的需求不断增加，越来越多的传统行业与岗位濒临淘汰，传统的单纯技能型劳动者面临的失业风险和再就业压力与日俱增；人工智能与信息技术的加速整合促使新型的劳动组织形式涌现，灵活用工正在兴起，零工经济（如网约车、外卖平台）、远程办公、项目制雇佣等模式打破了传统的"朝九晚五+固定岗位"形态，据全球自由职业者平台Upwork的数据显示，2023年美国自由职业者人数为6400万，占劳动力人口的38%。人力资源迅速与弹性的需求与供应打破了传统职业岗位的形态、格局与秩序；工作任务从明晰变为模糊，工作成效占据了越来越重要的地位；劳动者往往兼具生产者和管理者的双重身份。数字化转型极大地拓宽了未来行业产业的发展空间，创新型人才、复合型技术技能人才在劳动力结构中的需求激增。根据自身职业发展目标，形成良好的自我管理能力和内驱力成为了劳动者在新职业、新业态、新岗位的秩序体系中站稳脚跟、稳中求进的关键要素。

2.2　高职教育的时代担当

2019年颁布的《国家职业教育改革实施方案》提出，职业教育是有别于普通教育另一种不同"类型"的教育[1]。教育部《"十四五"规划和2035年远景目标纲要》明确要求，要增强职业技术教育适应性。这意味着职业教育需要更好地满足社会和市场的需求[2]。我国出台并实施的一系列政策举

---

[1] 国务院关于印发国家职业教育改革实施方案的通知[EB/OL].（2019-02-13）[2024-06-18]. https://www.gov.cn/zhengce/content/2019-02/13/content_5365341.htm.

[2] 滚动新闻. 中华人民共和国国民经济和社会发展第十四个五年规划和2035年远景目标纲要[EB/OL].（2021-03-13）[2024-05-15]. https://www.gov.cn/xinwen/2021-03/13/content_5592681.htm.

措有力地推动了职业教育的高质量发展，实现了职业教育从"层次"到"类型"的转变，形成了独具特色的现代职业教育发展范式。与普通教育相比，职业教育培养适应社会发展需要的应用型、实践型人才，更加贴近企业的需求来培养技术技能人才，从而为我国经济社会发展提供有力的人才和智力支撑。

随着数字经济的蓬勃发展，我国经济步入了新的发展阶段。产业升级和经济结构调整不断加快，经济发展模式正由过去注重规模和速度转向更加注重质量和效益。这一转变的背后，是智能化产业的深入推进和智能设备及机器的广泛应用，在先进的生产系统和生产模式下，许多传统的、操作性的职业与岗位逐渐被人工智能所接管。这些变革对研发、生产、销售、管理、服务等各个环节产生了深远影响，传统的行业结构和秩序正在经历着重构和迭代。

然而，这也催生了新的就业机会，如技术指导、工艺管理和生产线运维等岗位。这些新岗位不仅具有更高的技术复杂性，还要求从业者具备团队协作和多工种复合型能力。数字技术的不断进步，引发了新一轮的劳动技能迭代。为了适应这种变化，企业对劳动力的知识结构、专业技能、职业素养和终身学习能力都提出了更高的要求。因此，市场上急需大量高素质复合型技术技能人才来填补这一空白。

目前，我国劳动力市场的现状却难以满足企业的这一需求。由于知识水平低、技能错配、结构不合理等原因，许多现存劳动力无法满足企业现代化岗位的要求，这已经成为我国经济发展和产业升级的瓶颈。为了打破这一瓶颈，高等职业教育作为技术技能人才的重要培育地，需要承担起更大的责任。数字技术作为整个国民经济发展的动力，正引领经济结构的深刻变革。从社会发展角度看，高职教育对技术技能人才的培养随着生产变革和社会发展对人才能力需求的变化而不断演进，学校是特殊的社会组织，是有计划、有组织、有系统地进行教育教学活动的组织，承担着培养社会所需人才的重大使命，作为培养高质量技术技能人才的重要渠道，需要紧密结合产业发展与企业需求，承担阶段性职业教育的任务，致力于培养适应数字化转型的高素质技术技能人才。

为此，高职院校需迅速调整人才培养目标，转变传统的人才培养理念和模式，并深入开展人才培养研究与实践改革。通过与企业的紧密合作，高职院校能够深入了解市场需求，制订出更符合数字经济发展趋势的人才培养方案。同时，除了重视学生的职业知识和专业技能培养，还应着重提升学生的综合素质，包括创新能力、团队协作能力等，为他们未来的职业发展奠定坚实基础。

在数字经济时代，企业数字化转型不仅要求学生具备信息技术和数字化技能，更要求学生具备知识迁移、解决问题、创新思维和跨学科合作等综合能力，以胜任行业内一个或多个岗位，并与产业发展保持同步。面对不断涌现的新岗位和新职业，高职教育的人才培养模式正由单一型技能人才向复合型技术技能人才转变，以满足个体终身发展的需求，并适应整个社会的发展变化。这样的转变不仅能提升学生的就业竞争力，也为我国经济发展和产业升级提供了有力的人才支持。

2.3　人才培养规格

人才培养规格主要是指学生完成某一阶段学习任务或毕业时应具有的知识结构和能力结构，是人才培养目标的具体化，是对人才培养质量的具体描述和评价标准，具有操作性、具体性和可衡量性。人才培养规格是实施教育教学、评估教育质量的重要依据，具体表现为知识、能力、素质三个方面，三者相互促进、相互影响，既规定了学生应达到的质量标准，同时也是制订专业教学计划和各种教学文件、编写教学大纲和教材、组织教学过程、检查和评估教学质量的依据。人才培养规格在人才培养过程中起着承上启下的作用，直接反映了一所学校的办学理念。

随着数字化转型的加速发展，企业对人才的需求也在不断变化，传统的知识和技能已经不能满足当前复杂多变的市场需求。劳动技能不再仅仅是传统的、单一的，而是朝向创新素质和高阶能力的发展。因此，人才培养规格必须紧跟社会经济和企业生产的核心诉求，进行相应的调整和升级。

在新的市场形态和技术推动下，职业岗位的不稳定性加剧，对高职学生通识知识和关键能力的培养提出了更高要求。过去的知识、能力、技能等人才培养目标已经不足以满足新时代对人才的多元需求。数字应用能力、知识技能复合、职业素养、知识迁移、创新实践、可持续发展等逐渐成为衡量职业教育人才培养质量的重要指标。

为了适应这些变化，职业教育必须加强与行业产业的紧密对接，确保人才培养与行业产业发展相匹配。通过加强实践教学、校企合作、课程更新等方式，不断提升学生的综合素质和实践能力，使他们具备适应未来职业发展的核心能力。同时，职业教育还应注重培养学生的终身学习能力和创新意识，为他们未来的职业发展和个人成长奠定坚实基础。

（1）知识技能迁移复合。知识结构和专业技能是人才培养规格的重要组成部分，是衡量人才培养质量的重要标准，也是学生能够顺利地进入某一岗位并能在这一岗位上有所发展的基础。为了应对社会变迁中社会环境与结构变化的要求，企业需要大量专业理论知识和基础技能扎实，通过专业交叉、技能重合、能力融合，可以适应两个或以上职业岗位的职责的技术技能人才。学生不仅需要掌握某一专业的知识和核心技能，还要了解或掌握本专业涉及的行业知识和经济、管理、法律知识，为未来整个职业生涯的发展奠定基础。专业技能是指从事某种专业所需要具备的知识，经验与技能。

随着数字化程度的不断提高，行业内部各岗位的关联度日益增强，这要求技能人才不仅要掌握某一岗位所需的技能，还要具备跨岗位、跨专业甚至跨行业的迁移能力。"知识的泛迁移性"是相对于某一特定行业而言，指的是掌握某一行业内所要具备的知识，并在这一行业中进行知识的迁移，因此，行业性技能人才的培养，不同于其他如单纯的应用型人才的培养，它对知识的广泛性要求很高，尤其是对自身培养所面向的行业类知识，既包括形成技术应用能力必需的基础知识，也包括行业所囊括的学科专业知识。

文化基础知识、工具性知识、专业性知识以及相关性知识构成了行业性技能人才知识结构的内容体系，本着文化基础知识要够用、专业性知识要精深实用、工具性知识与相关性知识要灵活运用的原则，在知识和技能达到一定广度与深度后，将所学到的一些知识进行合理迁移，从一个岗位迁移到整个岗位群，对于人才培养来说，不仅仅是掌握适应某一职业岗位的专门技能，还应具备良好的知识技能迁移能力，能够将已掌握的知识技能迁移到关联岗位当中，适应工作岗位变化；还应具备终身学习的能力，能够消化、掌握新技术、新知识，以应对产业转型升级的挑战。另外，学习与迁移能力主要是针对行业中不同岗位发展需要而培养的，每一行业包含的岗位很多，如果要顺利地实现转岗，就必须具备较强的学习与迁移能力。各种能力相互促进，共同形成了行业技能人才应该具备的职业能力结构。

高职教育正经历从"规模发展"向"质量革命"的战略转折。为对接《关于推动现代职业教育高质量发展的意见》提出的"岗课赛证融通"要求，高职教育正通过"四链融合"（教育链、人才链、产业链、创新链）重构培养体系，摒弃传统的以学校为中心、以专业建设为核心的高职育人模式，转型为校企多元主体协同工学交替等多情境互相衔接的关键能力培养育人新模式。如此，当个人职业生涯面临跨岗位、跨专业甚至跨行业时，才能具备融入新环境、解决新问题的职业迁移能力；当学习者经历跨教育阶段转换或多场景学习迁移时，可通过数字化学习账本（学分银行）实现知识技能的持续积累，从而形成应对职业生态变革的终身学习融合能力。

（2）数字技术应用。企业数字化转型是现代企业发展的必然趋势，而这一转型离不开各种数字技术的应用，因此，物联网、数据分析、云计算、人工智能和网络安全等方面的知识和技能将成为学生在未来职业发展中不可或缺的能力。学生不仅需要了解企业数字化转型的目标和需求，熟悉与数字化转型相关的技术工具和平台，掌握数字化技术的基本原理和应用方法，还应具备与数字化转型相关的技术应用能力，能够灵活运用于实际工作中，以应对企业数字化转型中的挑战，为企业的发展和创新提供重要支持。

为了培养适应企业数字化转型需求的人才，高职教育需要强调以下两个特点：

（1）技术贯通型实训体系：夯实数字化应用基座。在数字化转型的背景下，高职教育应围绕"工具链-方法论-场景化"能力培养路径，紧密贴合企业实际需求，构建虚实融合的数字化实训工场，注重培养学生的实际操作能力。学生应能熟练运用与数字化转型相关的技术工具和平台，掌握数字化技术的基本原理和应用方法。

（2）产业适配型课程架构：实现精准化能力供给。不同行业和企业在数字化转型过程中有不同的技术需求。因此，高职教育应针对不同专业领域，建立"行业需求图谱-岗位能力模型-课程模块包"三级映射机制，确保教学内容与区域重点产业转型周期保持动态同步，提供专业化的技术人才培养。通过专业的课程设置和实践教学，使学生能够熟练掌握与本专业领域相关的数字化技术，形成"基础通识筑基、行业专精强技、企业认证赋能"的立体化培养路径。

基于以上特点，高职教育的人才培养目标应增强数字技术的比重，使学生具备数字化转型所需的实际应用能力。在高职教育中，学生需要熟悉并掌握相关的技术工具，并能够灵活运用它们解决实际问题，这些技术工具包括各种软件、硬件设备以及网络技术等。例如，对于计算机科学相关专业的学生来说，他们需要掌握常见的开发工具、集成开发环境（IDE）、版本控制工具等，以便能够进行软件开发和项目管理，同时需要学习并熟悉各种编程语言，不同的专业领域对编程语言的需求可能会有所不同，但普遍来说，学生应该至少掌握一门主流的编程语言，如 Java、Python 等。掌握编程语言也为学生将理论知识应用到实际中提供了技术支持。值得强调的是，高职教育不仅着眼于学生对技术工具、编程语言和数据库管理等具体知识的掌握，还培养学生的实际应用能力，通过实践教学和项目实训等方式，学生有机会将所学的知识与实际问题相结合，锻炼解决实际问题的能力和创新思维。他们将在真实场景中应用所学知识，掌握解决问题的技巧，并在数字化转型的工作环境中能够胜任相关职位。高职教育致力于使学生熟悉并掌握相关技术工具、编程语言、数据库管理等方面的知识，并通过实践教学培养他们的实际应用能力，在数字化转型的时代背景下为其职业发展打下坚实的基础。

（3）终身学习与可持续发展。数字化转型是一个不断发展和变化的动态过程，新的技术、工具和流程的引入导致原有的业务模式和操作方式发生改变，其间不可避免地面临许多复杂的挑战和问题，高职院校无法通过只教给学生某一特定职业、岗位或某一具体学科、专业所具备的理论知识与实践技能，就使学生获得今后工作、生活的全部资本。

技术不断向前发展，加速迭代，学校不再局限于教给学生某些学科的全部知识，而是要使学生在掌握一定知识和技能的基础上，形成一种可持续发展的职业能力。随着社会竞争的日益激烈，每个人的职业生涯发展都充满着不确定性，劳动者面对快速变化的市场，既要能够把握当前工作，也应具有能够适应其他工作环境和工作任务的能力。

职业能力理论强调高职学生专业关键能力培养的重要性，指明了个人终身发展方向。随着社会变化，高职学生的专业关键能力对其职业生涯愈发关键，而真实学习情境有助于培养学生的职业能力，增强其主动学习的意愿，培养学生自主学习的能力，有利于新时代中国技能型社会的早日形成。因此，技术技能人才应具备持续学习和自主发展的能力，掌握学习新知识和技能的方法，主动了解自己所在行业和领域的发展趋势，积极获取最新的行业信息和知识资源，追踪和研究新兴技术。

高职教育在培养学生的学习能力和自主发展意识方面起着关键作用，要让学生充分理解、认识关键能力是实现自身职业生涯可持续发展的必要条件。在当今快速变化的职场环境中，学生必须清醒地认识到职业的演变与产业结构和劳动力结构的变革是紧密相连的，因此，劳动者必须具备相应的素质。首先，劳动者需要拥有强大的灵活应变能力，不仅要具备在特定工作环境中工作的能力，还要有能力将所学知识和技能迁移到不同的工作场景中。团队精神在现代职场中至关重要。劳动者必须懂得与人交流、合作，具备一定的管理能力和组织领导力，以便在团队中发挥积极作用，推动团队目标的实现。爱岗敬业是每一个劳动者都应具备的基本素质，积极主动参与生产，关注工作中的每一个细节，及时发现并解决问题。这种对工作的热爱和投入，将使他们在职业生涯中取得更好的成绩。

因此，高职院校在培养学生时，应注重培养学生的实际操作能力、生产通晓能力，同时强调创新和知识迁移能力的培养。这样，学生才能有效应对职业生涯发展过程中不断出现的问题，实现可持续发展。

（4）跨学科合作。在数字化转型的过程中，往往需要跨学科交流和团队合作，跨学科交流和团队合作变得至关重要，企业面临着海量数据的涌入和积累。这些数据蕴含着宝贵的信息，可以帮助企业做出更明智的决策并获取竞争优势。因此，高职教育在数字化时代起着至关重要的作用，通过培养学生了解不同学科的基本原理和方法，融合各领域的知识和技能，为数字化转型项目提供更全面的解决方案。这种跨学科的合作不仅可以促进创新，还可以加速项目的实施和落地，推动企业向数字化转型迈进。

高职教育应注重培养学生的沟通能力、团队合作以及解决问题的能力，以满足行业和企业的需求。沟通能力在现代职场中至关重要，鼓励学生主动表达自己的观点、理解他人的意见，并能够清晰、准确地传递信息，通过演讲、写作、口头表达等多种方式的训练，可以提高学生的沟通技巧。此外，学生还可以通过参与模拟项目和实际工作场景的角色扮演等活动来锻炼与他人合作、协调沟通的能力。团队合作精神是现代职场中不可或缺的素质。高职教育应该促使学生学会在跨学科、跨专业的团队中合作，共同完成任务和解决问题。通过小组项目、团队竞赛等活动，学生可以学到如何与他人协作、分享知识、有效分工、相互支持等团队合作的技巧。这种经验将对学生未来的职业发展产生积极影响。解决问题的能力也是高职教育应该注重培养的重要素质。学生需要学会分析和理解问题的本质，并能够提出创新和有效的解决方案。高职教育可以通过案例研究、实践项目等方式，培养学生的问题识别能力、逻辑思维能力和创新能力。同时，学生还应该学会在不断变化的环境中灵活应对，能够快速适应和解决问题。高职教育应该关注行业和企业的需求，培养具备企业所需技能的人才。除了技术方面的能力，学生的沟通能力、团队合作和问题解决能力也是不可忽视的。通过注重培养这些综合素质，高职教育可以更好地为学生的职业发展铺平道路，并满足社会对于高素质人才的需求。

另外，适应业务需求也是高职教育应该重点培养的能力之一。学生需要具备深入了解企业业务的能力，理解企业数字化转型的目标和需求，并能够灵活运用数字技术解决实际业务问题。这需要学生学习不同行业的经营模式、市场竞争环境以及企业运营管理等知识，从而为企业提供符合实际需求的数字化解决方案。通过实践项目和实地考察，学生可以更好地了解企业的运作机制，为数字化转型提供有针对性的支持。

（5）创新思维和问题解决能力。随着数字化转型的深入，各行各业对于具备创新思维和能够迅速解决复杂问题的人才需求日益迫切。高职教育中，培养学生的创新思维和问题解决能力至关重要，不仅是为了应对快速变化的社会和科技环境，更是为了帮助学生构建终身学习的基石，增强他们在职场中的竞争力，并为社会的发展注入源源不断的创新动力。

高职院校可以利用数字化工具和资源，构建一个融合数字化技术与传统教育模式的全新教学环境如在线学习平台、虚拟实验室等，为学生提供更广阔的学习空间和丰富的实践机会，鼓励学生主动探索，激发他们的好奇心和创新欲望。同时，教育者也应注重培养学生的批判性思维能力，教会他们如何独立分析问题、提出假设，并通过实践验证其可行性。通过案例研究、项目驱动等方式，引导学生将所学知识应用于实际问题解决中，从而培养他们的问题解决能力。在项目实施过程中，能够综合运用相关知识技能，提出新观点，探索新方法，解决工作中的难题，逐步形成创造性思维，以提升创新实践能力，不断适应和应对数字化转型所带来的不确定性和变动性。

此外，高职教育还应加强与企业、行业的合作，引入真实的工作场景和项目，让学生在实践中学习和成长。通过与企业的紧密合作，学生能够接触到最前沿的技术和行业趋势，了解实际需求，从而更好地培养自己的创新思维和问题解决能力。通过培养学生的创新思维，我们旨在激发他们探索未知、挑战传统的勇气，培养他们从多角度、多层次思考问题的能力，以应对未来不断变化的工作环境和挑战。同时，问题解决能力的培养，则使学生能够运用所学知识和技能，有效地识别问题、分析问题，并提出切实可行的解决方案。这不仅有助于他们在专业领域内的成长，更能够拓宽他们的职业道路，为他们在更广阔的领域中发挥作用提供可能。因此，高职教育在数字化转型的浪潮中，应当更加注重培养学生的创新思维和问题解决能力，为他们未来的成功奠定坚实的基础。

数字化技术和项目教学的方式，可以有效地培养学生的创新思维和问题解决能力。这种培养方式不仅能够提高学生的专业素养和实践能力，还能够为他们未来的职业发展打下坚实的基础。

2.4　人才的应用与发展

2.4.1　应用领域

中国正经历着人类历史上规模最大的数字化转型浪潮。2023 年我国数字经济核心产业增加值为 12 万亿元，占 GDP 的比重为 9.9%。这不仅重塑着产业结构，更催生了一场静默而深刻的人才革命，传统职业的边界被不断打破，新兴能力标准重构着人才价值评估体系。人力资源和社会保障部发布的《中华人民共和国职业分类大典（2022 年版）》净增了 158 个新职业，其中首次标注了 97 个数字职业，占职业总数的 6%。2024 年，人力资源社会保障部向社会发布：云网智能运维员、生成式人工智能系统应用员、用户增长运营师等 19 个新职业，以及直播招聘师等 28 个新工种纳入国家职业分类大典。公示的新职业，紧紧围绕推动新质生产力发展、创造更多高质量就业岗位等要求，突出数字化、绿色化、生活化，反映了新技术、新趋势、新需求的发展变化。

以下列举较具有代表性的行业进行分析：

1. 制造业

制造业的智能化转型催生了新型技术人才群体。他们通过运用物联网、大数据、人工智能等技术，实现生产过程的智能化、自动化与集成化。在工信部遴选的 210 家智能制造示范工厂中，数字工程师与产业工人的比例已突破 1∶4 的临界点。通过部署工业物联网平台，将设备联网率提升至 85% 以上，使生产数据的采集频率从分钟级跃升至毫秒级。在汽车制造领域，数字孪生技术的应用使新车型研发周期大幅缩短，提升生产效率与产品质量，优化供应链管理，降低库存成本，提高供应链的响应速度。这要求工程师同时掌握三维建模、虚拟调试与物理仿真等复合能力。

2. 服务业

服务业的数字化转型正在重塑客户价值传递体系，通过多维度技术融合推动服务模式创新。在金融领域，人工智能训练师构建百万量级的金融知识图谱驱动智能投顾产品，将服务响应效率提升至秒级；医疗健康行业依托远程诊疗系统与医疗数据治理工程师的协同，实现跨机构安全数据共享，降低误诊率；教育服务领域则催生出具备音视频编码、分布式系统设计与教育心理学复合能力的架构师群体，其研发的智能推荐系统将课程准确匹配。这些变革不仅体现在智能客服、在线支付等消费端体验优化，更通过大数据驱动的个性化服务推送，形成客户满意度提升与产业价值创造的良性循环。

3. 农　业

农业生产的数字化转型正在突破地理与生态限制，推动全产业链系统性革新。通过农业物联网技术的应用，工程师团队构建的智能监测系统显著提高了资源利用效率，例如土壤墒情实时分析使灌溉作业从粗放模式转向精准调控。在技术渗透过程中，新型职业群体持续涌现：数字农艺师整合遥感数据与作物模型，设计出可量化执行的田间管理方案；农业气象算法工程师通过融合气象模型与机器学习技术，大幅增强灾害预警的时效性与精准度。流通领域的区块链溯源体系则有效降低供应链损耗，助力农产品实现品质化溢价。这种转型不仅体现在生产端的智能化管控（如环境监测、变量施肥），还延伸至市场端的供需预测与风险预判，通过数据驱动的全链条协同，构建起从农田到消费终端的数字化闭环生态。

4. 政府治理

在政府治理领域，新型数字技术人才通过构建电子政务平台与智慧城市系统，推动公共服务模式向智能化转型。国家级智慧城市试点中，城市大脑架构师团队整合海量城市感知终端，运用复杂系统建模技术优化市政事件处置流程，其设计的智能预警系统显著缩短应急响应时间。这类人才需兼具跨部门数据治理能力与公共政策设计思维，通过数字孪生技术重构城市管理逻辑。基层治理层面，数字社区规划师依托空间大数据分析技术，精准规划公共服务设施布局，其工作涉及地理信息系统应用与人口动态模型解析。更具革新性的是政务区块链工程师群体，通过部署智能合约系统重构行政审批流程，实现政务材料验证机制的实时化运行，此类技术实践已被纳入数字政府建设的核心评价标准体系，标志着政府治理能力正在完成从经验决策向数据驱动的本质跨越。

2.4.2 发展路径

1. 教育培养

教育培养是新型数字技术人才发展的基础。高职院校作为技术技能人才的重要培育地，需要迅速调整人才培养目标，从"标准化生产"到"生态化培育"的范式重构。传统以课堂为中心、教材为边界、教师为主导的培养模式，在产业数字化进程加速的背景下愈发呈现疲态，智能制造产线对复合型技术人才的需求、现代服务业对数字化服务能力的期待、新兴产业对快速学习适应能力的要求，等等，无不倒逼教育培养体系进行深层变革。高职院校需要借助数字技术重塑教育要素的连接方式，构建起"产教深度融合、个性精准匹配、能力持续进化"的新型培养生态，使技术技能人才既能满足当前产业需求，又具备面向未来的可持续发展能力。

传统校企合作中存在的"校热企冷""协议悬浮"等症结，在数字技术支撑下得到结构性纾解。云端协同的产教融合平台将企业真实项目拆解为模块化教学任务，通过虚拟仿真实训系统实现教学过程与生产流程的精准映射。例如，某智能制造企业的新能源汽车电池装配工艺，经数字化解构后转化为机电专业学生的实训课程，学生头戴 AR 设备即可在虚拟车间中反复演练故障排查，操作数据实时同步至企业质量管理系统。这种深度融合并非简单地将企业设备搬入校园，而是通过数字孪生、区块链智能合约等技术，构建起"人才共育、过程共管、成果共享"的信任机制。具体来说，高职院校加强与企业的合作，深入了解市场需求，制定出更符合数字经济发展趋势的人才培养方案，让企业工程师远程参与课程设计，院校教师深度介入技术研发，学生的学习成果通过数字徽章体系获得行业认证，当教育供给与产业需求实现深度匹配，人才培养便自然摆脱了"滞后于市场"的困境，转而成为引领产业升级的活水源头。

2. 企业内部培训

数字化转型浪潮中，企业内部培训正从传统的人力资源管理工具演变为驱动人才可持续发展的核心引擎。随着产业智能化升级加速，使得既有员工技能结构与新兴岗位需求之间的鸿沟日益凸显。传统"师徒制"经验传承模式难以适应技术迭代的节奏，标准化面授课程无法匹配个性化能力提升需求，阶段性集中培训更难以应对实时演进的业务挑战。在此背景下，企业内部培训体系应通过数字技术的全方位渗透，重构学习与生产的边界，形成"工作即学习、数据即教材、场景即课堂"的新型能力生长范式，为技术技能人才打通职业生命周期中的可持续发展通道。

数字化转型对企业培训的颠覆性影响，首先体现在知识传递方式的根本性变革。传统培训体系依赖的"专家-学员"单向信息传输模式，在知识半衰期急剧缩短的背景下逐渐失效。工业互联网平台、数字孪生系统、智能协作工具等生产系统的数字化，使员工操作行为、设备运行数据、工艺流程参数等海量信息实时沉淀为可分析、可复用的知识资源。例如，某汽车企业的智能制造车间中，焊接机器人的每一次操作偏差都会被边缘计算节点捕获，经过人工智能算法解析后，自动生成针对不同工位的动态培训内容——新员工通过增强现实（AR）眼镜观看错误操作的三维重建画面时，系统会同步叠加标准动作轨迹与力学分析数据，把生产现场转化为实时教学场景的能力，使隐性经验显性化，碎片化知识体系化，实现个体技能升级与组织知识共同进化。

此外，传统培训被视为成本消耗环节，其效益评估往往局限于课时完成率或满意度调查等表层指标，而数字化转型使培训效果可量化、可追溯、可预测。企业通过机器学习分析"培训投入与生产率提升""质量事故发生率""创新成果产出"等经营指标的关联性，能够精准测算不同岗位、不同阶段的培训投资回报率。当数字孪生工厂模拟显示未来半年将新增20%的工业机器人运维需求时，培训系统可提前启动相关课程开发与人员认证，这种"培训先行"的战略，能够让受过深度学习算法培训的质检员，可能在图像识别模型优化中提出关键改进建议，掌握数字孪生技术的维修工程师，或将成为工艺改进项目的核心成员。

3. 个人自我提升

数字化转型浪潮中，技术技能人才的自我提升正从被动适应转向主动进化，形成与教育体系、企业培训相互嵌套的第三维成长空间。个人的可持续发展能力更依赖于构建以数字素养为基座，以持续学习为引擎，以价值创造为导向的自主进化系统。

数字技术赋能的自我提升，解构了传统学习模式的时空约束与资源壁垒。在云端知识库、开源技术社区、虚拟实训平台等数字化学习资源的爆炸式增长环境下，个体能够轻松突破地域、机构、资历的限制，自主构建个性化知识体系。例如，在增强现实（AR）辅助下拆解最新型数控机床的维修案例；在开源算法社区参与智能制造项目，通过代码贡献获得行业专家的即时反馈；利用微学习平台在通勤间隙完成技术技能学习，将离散的知识获取转化为结构化能力提升，形成"碎片输入-系统整合-实践验证"的闭环学习模式。

在数字化转型下，迎来个人学习模式的认知革命。传统"输入-存储-输出"的线性学习逻辑，在知识半衰期急剧缩短的背景下逐渐失效。当面对智能产线故障诊断难题时，工程师不再依赖记忆中的维修手册，而是通过工业物联网平台调取设备全生命周期数据，利用机器学习模型快速定位异常信号；当需要掌握新兴的增材制造技术时，技术工人可在虚拟空间中拆解三维打印的物理过程，通过参数调整实时观察微观结构变化。这种基于问题解决的学习范式，使知识获取从目的转变为工具，个体在应对真实挑战的过程中自然完成能力迭代。

在数字技术重塑就业市场的背景下，个体的职业价值不再局限于简历上的静态描述，而是体现为数字空间中可验证的能力凭证与可追溯的实践记录。开源社区的技术贡献量、在线学习平台的技能认证链、工业互联网平台的创新提案采纳率，都成为动态立体的职业画像。青年技工可能因在智能制造论坛持续输出原创解决方案而获得头部企业青睐，资深工程师或许凭借在虚拟研发社区的技术影响力开辟第二职业曲线等。当个人能力通过数字工具实现可视化、可量化、可流通，职业发展便从组织依附转向价值共创。

2.4.3 发展趋势

1. 跨界融合成为常态

随着数字化转型的深入推进，跨学科、跨产业、跨职能融合已成为新型数字技术人才发展的重要趋势。不同行业、不同领域之间的界限越来越模糊，越来越多的企业需要具备跨领域知识与技能的人才来推动业务创新与发展。固守单一技能边界的从业者将难以适应技术迭代的加速度，唯有主动拥抱跨界融合的常态，才能在职业发展的湍流中把握航向。

技术演进与产业升级的双重推力，使跨界融合从被动适应转化为主动进化策略。工业互联网平台将设备、人员、流程的数据流整合为价值网络，数字孪生技术构建起物理世界与虚拟空间的实时镜像，区块链技术则重塑了跨组织协作的信任机制，使得原本分属不同领域的知识体系得以在数字空间自由流动、重组创新。而职业能力的重构方向，正朝着"T 型结构"的纵深发展，纵向的专业深度确保人才在特定领域具备不可替代的技术权威，横向的跨界广度则赋予其连接多元价值网络的能力，这要求技术技能人才既要精通本领域的"硬技术"，又要掌握跨领域沟通的"软技能"，更要具备在交叉地带发现创新机会的"锐洞察"。

产业生态的数字化转型，则从实践层面加速了跨界融合的进程。智能制造的推进催生出"制造服务化"趋势，工业企业需要兼具工程技术与客户服务能力的复合型人才；数字医疗的发展要求医护人员掌握智能设备操作与数据解读能力；智慧城市建设项目则成为建筑、交通、能源、IT 等领域人才的融合试验场等等，产业层面的融合需求，通过数字平台转化为具体的能力培养指令。跨界融合的常态化发展，本质上是对工业时代专业分工范式的颠覆性重构，但并非否定专业化的价值，而是通过数字技术的连接作用，使专业化知识在更广阔的创新网络中释放潜能。未来的技术技能人才，需要有核心专业模块的稳定性，还具备与其他模块自由组合的兼容性。

2. 创新能力成为核心竞争力

数字化转型正推动技术技能人才的价值标准从"熟练度优先"转向"创新力驱动"。当人工智能替代重复性操作，算法优化接管流程管理，智能产线要求工艺优化兼容数据模型，传统岗位的生存空间日益依赖突破性解决问题的能力。在此背景下，创新不再是研发岗位的专属技能，而是所有技术人才对抗职业贬值的基础生存能力。

创新能力的本质已从技术应用升维至系统重构。具备创新思维的技术人才能够穿透表象洞察本质矛盾，在跨界知识融合中设计突破性方案。例如设备维护不再局限于部件更换，而是通过数据分析追溯工艺参数与设备老化的关联规律，重构预防性维护策略。这种能力要求突破"执行者"思维定式，建立"技术-场景-价值"的系统认知框架。

高职院校的课程体系从知识传授转向创新方法论训练，通过项目式学习引导学生在真实问题中实践"观察-抽象-实验-迭代"的创新循环；企业则将创新指标纳入岗位能力模型，通过创新成果的量化评估与激励机制，将员工的创造性思维转化为组织创新。人才需要既掌握 TRIZ 理论等系统化创新工具，又具备将技术原理转化为商业价值的敏锐嗅觉；既理解设计思维的用户导向原则，又能驾驭敏捷开发的快速迭代节奏。

3. 团队协作与沟通能力至关重要

智能系统的普及并未消解人类协作的价值，反而在技术复杂性与创新不确定性的双重作用下，将团队协作与沟通能力推升至人才发展的战略高度。工业互联网平台的运行依赖跨部门数据流的实时共享，智能制造项目的推进则要求技术、管理与市场团队的协同创新。这种跨越专业领域、突破时空阻隔、融合人机智慧的新型协作网络，使沟通效率与协作质量成为衡量人才价值的关键维度

团队协作的内涵深化，体现为从任务分配到价值共创的范式升级。团队协作已超越传统意义上的分工配合，演变为基于数字平台的"能力拼图"过程，智能制造系统的复杂性使得单一岗位无法独立应对系统性挑战，智能产线的故障排查需要工艺、电气、软件等多领域技术人员的协同诊断，工业 APP 的开发则依赖工程师与用户的持续交互迭代等，每个团队成员既是专业模块的贡献者，又是系统方案的共建者。在此过程中，个体的协作智慧体现为三重能力，对集体知识库的主动补给意识、对他人专业价值的尊重理解能力、对冲突性意见的整合转化技巧。

教育体系与产业实践的融合创新，正在重塑协作能力的培养路径。高职院校通过虚拟教研室构建跨专业协作生态，打破"专业竖井"与"职能孤岛"，引导人才在技术实践中建立关键认知。例如，让学生在智能工厂仿真项目中体验多角色协同，企业则借助数字孪生技术搭建虚拟协作沙盘，通过沉浸式训练提升员工在复杂场景下的团队决策能力。当技术人才既能通过云端协作平台贡献专业见解，又能在实体工作场景中构建信任关系，数字化转型所需的"柔性协作力"便得以生成。

4. 终身学习成为必然趋势

在数字化转型的浪潮中，当工业机器人三年完成五代迭代，人工智能算法半年实现性能跃升，传统职业教育"一技傍身、终身受用"的生

存法则已彻底瓦解。技术工人需要持续追踪智能设备的协议更新，工程师必须掌握数字孪生的建模工具升级，管理者则被迫适应组织数字化转型的治理新规。学习能力不再局限于职业准备期的阶段任务，而是演变为贯穿职业生涯的基础代谢能力，成为人才在技术洪流中保持航向的核心生存策略。

终身学习的形成，本质上是人类应对技术不确定性的适应性进化。在智能工厂和工业互联网广泛应用的今天，工作中遇到的技术问题往往涉及不同时期的技术标准。比如设备故障可能既有老式机械结构的问题，又涉及最新数据算法的缺陷，系统安全隐患可能源自多年前制定的通信协议漏洞。这要求从业者建立"知识版本管理"意识，既要吃透当前主流技术的核心原理，又要了解过去技术发展的来龙去脉，还要能敏锐察觉技术变革的新动向。因此，高职院校的教育理念需要从提供确定性的知识储备，转向培养应对不确定性的学习元能力，使人才能够像更新操作系统般持续迭代认知框架。

企业组织与教育机构的协同进化，正在重塑终身学习的价值实现路径。企业把参加培训的时长纳入绩效考核体系，通过知识贡献度积分激发员工学习热情；职业院校则打破学制限制，为毕业生开放终身复训权限，形成"毕业不离校"的学习机制，建立"能力增值-价值回报"的增强回路。当学习成果能切实转化为职业发展和收入提升，学习就不再是负担，而是变成了个人和单位共同受益的投资。

2.4.4　面临的挑战

数字化转型浪潮席卷全球之际，高职教育培养的新型数字技术人才在推动产业升级中扮演着关键角色，但这一进程并非坦途。技术革命的加速度与系统复杂性交织形成多重挑战，既考验个体的适应能力，更检验教育体系与产业生态的协同进化效率。这些挑战既源于技术演进本身的特性，也折射出组织模式与认知框架的深层矛盾，需要从人才培养、知识重构、制度设计等多维度寻求突破路径。

1. 技术更新换代快

数字技术的生命周期呈现指数级压缩趋势，人工智能框架平均每6个月实现架构迭代，工业互联网协议每年更新超过30%的核心功能模块。这对人才的知识更新能力提出极限挑战：工程师刚掌握的智能算法可能在量产前已面临淘汰风险，程序员精通的开发工具或在新版本发布后丧失竞争优势。知识半衰期的急剧缩短，使得传统职业教育"一次学习、终身受用"的模式彻底失效，技术人才陷入"追赶-落后-再追赶"的循环困境。

更深层的矛盾在于技术迭代与能力培养的节奏错位。教育机构课程体系更新周期普遍滞后技术发展，导致毕业生掌握的技术标准往往在入职时已降级为"过时技能"，企业现场的技术升级速度又远超在岗培训能力，许多技术工人尚未消化现有智能设备操作规范，便面临新一代人机交互界面的冲击。这种双重脱节加剧了人才的技能焦虑，部分从业者甚至出现"技术更新恐惧症"，在持续学习压力下产生职业倦怠。

破解这一困局需构建动态适应的能力培养生态。个人需将学习行为从"阶段性充电"转变为"持续性代谢"，建立技术趋势预判、知识快速迁移、经验跨代复用的三重能力。教育机构必须打破固化的专业边界，开发模块化、可扩展的课程资源池，使教学内容能随技术迭代动态重组。企业则需将技术培训嵌入生产流程，通过数字孪生平台实现"工作即学习"的场景融合，使人才能力提升与技术升级形成共振效应。

2. 跨界融合难度大

跨界融合是新型数字技术人才发展的重要趋势，但同时也是一大挑战。智能工厂的运维不仅需要机械、电子、软件等硬技术融合，更涉及供应链管理、用户体验设计、数据伦理等软科学交叉。不同行业、不同领域之间的知识体系与业务逻辑存在巨大差异，单一领域专家难以驾驭系统性挑战，而跨学科团队又面临知识体系"互译困难"，企业部门间数据孤岛阻碍技术协同，教育机构专业划分固化思维模式，行业标准差异制造协同成本。如何实现跨界融合成为一大难题。

为了应对这一挑战，个人需发展"T型能力结构"，在垂直领域保持专业深度的同时，培育跨学科思维模型与系统思维工具。教育机构应设计"技术语言转换器"类课程，训练学生将机械原理转化为数据特征，把业务流程抽象为算法逻辑。产业界则需建立跨界创新沙盒，通过数字主线（Digital Thread）技术实现跨领域知识映射，在虚拟空间中完成技术方案的协同验证与矛盾消解，降低现实场景中的试错成本。

3. 数据安全与隐私保护问题

在数字化转型的过程中，数据安全与隐私保护问题日益凸显。新型数字技术人才在此环境下承担双重角色，既是技术红利的开拓者，又是安全防线的构筑者，需要具备较强的安全意识与防范能力，确保企业数据的安全与隐私得到有效保护。为了应对这一挑战，个人需要不断学习数据安全防范外部攻击，还需警惕数据滥用引发的伦理危机，如用户隐私泄露、算法歧视等问题。同时，企业需建立"安全左移"机制，在技术方案设计阶段就纳入风险评估模块，通过威胁建模提前识别漏洞，培育"安全素养共同体"，通过跨岗位演练提升全员风险意识，使数据安全从技术保障升级为组织文化基因。

数字化转型是全球企业不可逆转的趋势，而新型数字技术人才正是推动这一转型的关键力量。高职教育作为技术技能人才的重要培育基地承担着培养适应数字化转型需求的高素质人才的重任，能为企业输送具备信息技术、数字化技能、创新思维和跨学科合作能力的复合型人才，为企业的数字化转型提供有力支持。

3 孕育生态
——共享共治育人平台

3.1 "四链"衔接，搭建平台

3.1.1 产教融合理念

产教融合是指政府、行业、企业、学校等多方合作，在人才培养、科学研究、技术创新、社会服务等多方面协同合作，促进教育链、人才链、创新链、产业链的有机衔接，实现教育与产业同频共振、学校和企业共赢发展。2013年，党的十八届三中全会正式提出"加快现代职业教育体系建设，深化产教融合、校企合作"。2014年，《国务院关于加快发展现代职业教育的决定》（国发〔2014〕19号）中提出"产教融合，特色办学"[1]，《国务院办公厅关于深化产教融合的若干意见》（2017）以及党的二十大报告中，产教融合的理念在我国教育领域得到了重视和推进，旨在推动产业与教育领域的系统性变革，助力高质量教育体系建设。

随着我国产业升级和经济结构调整加快，职业教育也进入高质量发展轨道，为促进人才培养供给侧和产业人才需求侧全链条对接，形成区域内良性循环的创新链条，则需要政府、行业、企业、学校等多方共同努力，构建育

---

1 国务院关于加快发展现代职业教育的决定[EB/OL].（2014-06-22）[2024-07-01].https://www.gov.cn/zhengce/content/2014-06-22/content_8901.htm.

人平台，创新管理机制和人才培养模式，推动科技与经济的深度融合，促进区域经济的发展和产业升级。对职业教育而言，推动产教深度融合，其本质是实现"五个对接"：一是学校专业设置要与企业产业对接，实现专业人才培养直接满足产业需求；二是学校安排的课程内容要与职业标准对接，通过职业标准提前培养学生专业技能；三是学校的教学过程要与企业生产过程对接，将学生的实践教学搬到企业，能有效提升教学效果；四是学生的学历证书与职业资格对接，在平时注重学生职业技能考核，有利于提升学生职业素养；五是职业教育与终身学习对接，这也是学生职业发展的需要[1]。在数字化转型时代，高职院校与企业加强合作，强化实践能力培养，以适应未来工作环境的需求。产教融合在数字时代承担着新的使命，通过协同育人形式，促进复合型技术技能人才培养，实现产业链全覆盖、技术链全辐射的目标。产教融合理念已成为推动产业领域与教育领域系统性变革的重要力量，是职业教育在办学模式、未来发展、服务社会等方面的必然选择。

1. 效 果

推动教育教学改革：引入企业的先进理念和管理模式，学校可以更新教育教学观念和方法手段，提升教育教学的针对性和实效性。同时，产教融合还有助于促进教育评价体系的改革和完善，使评价更加符合市场需求和人才发展规律。

实现教育与产业的深度对接：产教融合的核心目标之一是促进教育与产业的深度融合，与企业建立紧密的合作关系，将教育教学活动与实际生产活动相结合，确保学生在校期间能够获得丰富的实践机会，增强对职业环境的适应能力。这种深度对接有助于提升教育的针对性和实效性，使培养出的人才更符合市场需求。

提升人才培养质量：产教融合注重培养学生的实践能力和创新精神，参与实际生产活动，学生能够将所学理论知识应用于实践中，加深对知识

---

1 职业教育"五个对接"[EB/OL].(2012-09-03)[2024-05-12]. http://www.moe.gov.cn/jyb_xwfb/moe_2082/ s6236/s6811/201209/t20120903_141507.html.

的理解和掌握，同时培养解决实际问题的能力。

促进教育资源优化配置：产教融合有助于实现教育资源的优化配置。通过与企业合作，学校可以引入企业的先进设备、技术和资金等资源，提升教育教学的硬件条件。同时，企业也可以借助学校的师资力量和科研能力，解决生产中的技术难题，实现互利共赢。

2. 实施方式

校企合作模式：高职院校与企业签订合作协议，共同制订人才培养方案和教学计划。企业为学生提供实习实训基地，参与教学过程和考核评价；学校则根据企业需求调整课程设置和教学内容，确保培养出的人才符合企业要求。

产学研结合：产学研结合是产教融合的另一种重要实施方式。学校与企业、科研机构建立紧密的合作关系，共同开展科学研究和技术开发。通过产学研结合，学校可以了解最新的科技动态和市场需求，及时调整研究方向和教学内容；企业则可以借助学校的科研力量解决生产中的技术难题，提升产品竞争力。

订单式培养：订单式培养是产教融合的一种创新模式。学校与企业签订人才培养订单协议，根据企业需求制订专门的人才培养方案和教学计划。学生在校期间即成为企业的准员工，接受企业的文化和技能培训。毕业后直接进入企业工作，实现无缝对接。

3.1.2　多元化育人共同体

"一体两翼五重点"是新阶段职业教育改革的一系列重大举措的概括，旨在持续推进现代职业教育体系建设改革，优化职业教育类型定位，构建具有中国特色的现代职教体系，如图 3-1 所示。这一战略部署由教育部提出，并在《关于深化现代职业教育体系建设改革的意见》[1]等文件中得到明

---

1 中共中央办公厅，国务院办公厅. 关于深化现代职业教育体系建设改革的意见 [EB/OL].（2022-12-21）[2024-05-16]. https://www.gov.cn/zhengce/2022-12-21/ content_5732986.htm.

确阐述。

图 3-1 "一体两翼五重点"体系

"一体"即探索省域现代职业教育体系建设新模式，这是职业教育改革的基座。具体来说，教育部和有关省份共同围绕国家区域发展规划和重大战略，探索适合本地实际的现代职业教育体系。鼓励地方根据自身的产业发展需求和教育资源特点，一省一策，形成各具特色的省域现代职业教育体系。这一模式旨在通过改革突破，带动职业教育整体质量的提升，形成可复制、可推广的新经验和新范式。

"两翼"指的是市域产教联合体和行业产教融合共同体，它们是职业教育改革的载体。市域产教联合体：聚焦区域发展，以产业园区为基础，整合优质资源要素，推动政府、企业、学校、科研机构等多方主体深度参与职业学校办学，打造兼具人才培养、科技创新、创新创业和促进产业经济发展高质量功能的市域产教联合体，实现职业教育与区域经济的深度融合。通过成立政府、企业、学校、科研机构等多方参与的理事会，实行实体化运作，集聚资金、技术、人才、政策等要素，有效推动各类主体深度参与职业学校专业规划、人才培养规格制订，课程开发、师资队伍建设，共商培育方案，共组教学团队、共建教学资源，共同实施学业考核评价，推进教学改革，提升技术技能人才培养质量；另一方面，搭建人才供需信息平台，推行产业规划和人才需求发布制度，引导职业学校紧贴市场和就业形势，完善职业教育专业动态调整机制，促进专业布局与当地产业结构紧密对接，建设共性技术服务平台，打通科研开发、技术创新、成果转移链条，为同区企业提供技术咨询与服务，促进中小企业技术创新、产品升级，旨在将职业教育改革下沉到市域层面，更好地服务地方经济发展。

行业产教融合共同体：聚焦重点行业和领域，由企业牵头，整合上下游资源，联合学校、科研机构共同建设跨区域产教融合共同体。通过汇聚产教资源，开展委托培养、订单培养和学徒制培养等多种模式，为行业提供稳定的人力资源和技术支撑。这一举措旨在破解人才培养供给侧与产业需求侧匹配度不高的问题，实现职业教育与产业发展的紧密对接。通过优先选择新一代信息技术产业、装备制造、人工智能等重点行业和重点领域，支持龙头企业和高水平高校、职业学校牵头，组建学校、科研机构、上下游企业等共同参与的跨区域产教融合共同体，汇聚产教资源，制定教学评价标准；开发专业核心课程与实践能力项目，研制推广教学装备；依据产业链分工对人才类型、层次、结构的要求，实行校企联合招生，开展受托培养、订单培养和学徒制养，面向行业企业员工开展岗前培训、岗位培训和继续教育，为行业提供稳定的人力资源；建设技术创新中心，支撑高素质技术技能人才培养，服务行业企业技术改造、工艺改进、产品升级，以实现深度推进四链融合。

产教融合作为一种新型的教育模式，旨在实现政府、行业、高校、企业等各方主体之间的共生、共享、共赢，整合各方资源优势，共同构建实质性、紧密型的平台，完善职业教育的支持服务，推动实践行动的协调发展，形成包容、开放、互补的多元育人生态圈。在数字经济时代，高职教育需要从传统的单一学校培养模式转向多方培养模式。多元办学主体的支持下，育人生态圈能够充分利用区域和行业的资源优势，让学生在真实的生产环境中接触职业氛围和企业文化，提高他们的社会适应能力，为区域经济发展提供人才支持。产教融合能够使高校更好地满足产业的需求，培养更符合市场需求的复合型人才，推动教育与产业的深度融合，促进经济的可持续发展。

1. 政府部门

政府作为社会发展的规划者和公共利益的守护者，在推动高职教育与数字化转型深度融合的过程中，应该将职业教育置于经济社会发展的核心位置，积极推动各方合作，并为高职教育提供指导、支持和资源。通过实施税收减免、激励措施、奖励补贴等政策措施，鼓励企业积极参与职业教育，明确合作各方的权利和义务，保护各方的合法权益。其次，政府应增加对职业教育的投资，确保教育质量与行业标准相符，满足企业发展的需求。政府通过项目资助、技术研发补助等方式，支持校企合作项目，特别是在新技术、新工艺、新材料等领域的研发和应用，促进学校教育内容的创新和更新，帮助企业提升技术研发能力，加快产业升级步伐。通过政府的努力，高职教育与数字化转型的深度融合将得到更好的推进，为经济发展和社会进步提供坚实的人才支撑，形成社会力量深度参与的多元办学格局。

2. 行业协会

产教融合的顺利推进离不开行业协会和专业机构，通过对特定行业的深入理解和专业知识积累，能够准确捕捉到行业发展的新趋势、技术革新以及市场变化，为职业教育提供了最前沿的行业产业信息。在产教融合的实践中，行业协会和专业机构为高职院校和企业提供多方面的咨询服务，如协助学校了解企业的具体需求，帮助企业把握教育的最新动态等，或者参与课程设计和评估，确保教育内容与行业标准保持一致，提高教育的适用性和针对性，还能通过认证和评价服务，对高职院校的教育项目进行评审和认证，确保教育服务的质量符合行业标准，为学生提供权威的学习成果证明，为企业提供人才选拔的参考依据，帮助企业减少新员工培训成本。

总的来说，行业协会和专业机构能有效推动产教融合的深入发展，促进高职院校和企业之间的合作，实现教育和行业需求的有效对接。

3. 企　业

企业与高职院校的合作为职业教育的实践教学提供了强有力的支撑。企业为学校提供实习实训基地，为学生提供接触真实工作环境、学习实际工作技能的平台。企业根据自身战略需求和技术标准，向学校提出人才培养需求，并参与课程资源开发、教学方案设计、教材编写，实现高职教育与企业需求对接。学生通过企业提供的工作任务，感受企业的价值观、经营理念和工作氛围，实践中学习成长，为未来职业生涯做好准备。校企合作模式为高职教育注入新活力，为企业发展提供新动力。随着产教融合深化，企业在不同形态的合作中扮演核心角色，成为产教融合制度和模式创新的主要推动力量，为实用型技术技能人才培养发挥主导作用。

4. 高职院校

高职院校在当代教育体系中占据着至关重要的位置，作为专门培养应用型技术技能人才的教育机构，必须紧跟时代发展的步伐，为积极履行其教育教学的核心职责，需要与企业建立紧密的合作关系，深入了解行业发展趋势和企业用人需求，调整优化专业设置和更新课程体系，保证教学内容与市场需求保持同步。高职院校还需在教学方法上进行创新，如采用项目式教学和工作过程导向的教学，强调学生在实践中学习和掌握知识，培养实践技能和创新能力，更好地适应未来的工作挑战。同时，高职院校还注重师资队伍的建设，引进具有优秀岗位资历的企业技术人员参与教学工作，将最新的行业知识和技术带入课堂，提升教学的针对性和实效性。

政府、行业协会和专业机构、企业以及高职院校在职业教育领域中各自扮演着重要的角色，彼此之间密切合作，共同推动高职教育与产业发展的协调和发展。政府通过政策引导和支持，促进职业教育与产业发展的协调，为高职院校提供政策支持和资源保障。行业协会和专业机构提供专业服务，促进校企合作，保障教育质量，为高职院校提供行业动态信息和专业指导。企业参与教育过程，培养符合自身需求的高技能人才，为高职院校提供实践机会和实际工作经验。高职院校通过与企业的紧密合作，更准确地把握行业动态，优化人才培养方案，提高教育的质量和适应性，为产业升级和经济转型提供人才支持和智力保障。这种多元化育人的模式，体现了各构成主体间的联系和相互作用，共同推动了高职教育的发展，为产业发展和经济转型提供了有力支持。

3.2 共享共治，机制建设

3.2.1 组织形态

产教融合组织形态是由职业院校、行业、企业、政府等构成的集成化平台或载体，旨在实现目标契合、利益紧密的合作关系，集实践教学、技术研发、创新创业、产业培育等功能于一体，具有主体多元、产权分享、跨界流动、合作协同和效益分享等特征。产教融合组织形态将教育系统和产业系统紧密联系起来，体现了教育与经济社会发展的同频共振，有助于优化资源配置效率，实现教育要素与区域经济产业要素的有机嵌入。通过资源共享与优势互补，构建职业院校和行业企业的命运共同体，实现多主体资源联动，促进产教深层次融合、校企高水平合作，形成融产、学、研、用、创为一体的综合性平台。

目前，产教融合实践已经形成多元化的组织形态，如产业学院、职教集团、产教融合园区、校中厂（场）、厂中校、智慧学习工场、教师工作室、产教融合型企业等，将职业教育与行业进步、产业转型、区域发展紧密结合起来。较具代表性的组织形态如下：

1. 产业学院

产业学院是一种特殊形式的教育实体，以社会需求为导向，致力于高等工程教育改革和现代产业发展，由行业企业、产业园区、高职学校、地方政府、科研院所等合作构建，融合资金、专业、平台等多种资源和要素，承担着行业专门人才培养、企业员工培训、科技研发、促进产业升级等责任。

作为产教融合组织形态优化升级和转型发展中的创新产物，产业学院嵌套于学校和产业场域之中，教育模式灵活多样，提供短期课程、证书课程、企业定制培训和学位课程，帮助不同层次和类型的学习者适应技术发展和行业变化。产业学院通过紧密结合产业需求和学术研究成果，及时了解到企业所需的人才背景和技能要求，共同探讨行业发展趋势和人才培养方向，根据企业的反馈和建议，调整和优化相关专业课程内容，使之与实际工作需求更加契合，同时也为企业提供了接触最新科研成果和培养所需人才的途径。产业学院通过创新校企合作机制，与企业共同开发课程、设置实习岗位、开展科研项目、共享资源设施等，推动高等教育与产业集群联动发展，促进区域经济繁荣。

产业学院通常以一定学科或专业为载体，拥有独立的运行机制、分明的契约关系和明确的服务对象，具有功能目的服务性、办学模式合作性和教学内容职业性的特点，是职业教育创新发展的重要组成部分，为资源集聚和多元创新提供组织保障。在产业学院合作框架下，校方尊重企业地位、给予企业自主权限、发掘企业价值，调动企业活力，实现教育、科研和产业的良性互动，推动产教融合发展，为人才培养和产业发展提供有力支持。

2. 产教融合实训基地

建设产教融合实训基地是高职教育育人目标的重要举措，旨在提升学生的实践能力和职业素养。这种合作模式将学校和企业资源有效整合，为学生提供更贴近实际工作环境的实践机会，促进理论知识与实际操作的有机结合。通过产教融合实训基地，学校和企业共同投入资金、设备、技术支持和人力等资源，共同规划、建设和管理实训环境，为学生提供更加真实和专业的实践体验。企业的参与不仅提供了先进的设备和技术支持，还能分享实践经验和行业动态，帮助学生更好地了解行业需求和发展趋势。

学校通过与企业合作建设实训基地，能够更好地调整专业培养方案，与行业需求对接，培养出更符合市场需求的高素质人才。这种紧密的校企合作关系有助于实现"课程与职业""专业与岗位""理论与实践"的有效对接，为学生提供更全面的教育体验，提升其就业竞争力和实践能力，促进高职教育的发展和人才培养质量的提升。

3. 职业教育集团

职业教育集团作为一个由政府、企业、职业院校、行业协会等多方组成的联合体，不具有法人资格，行业性和区域性特征明显。一是以职业院校为主体，现有的职业教育集团的牵头单位主要集中在学校，负责教育教学工作和人才培养任务。二是契约关系为纽带，职业教育集团是基于契约关系建立的合作组织，大多数情况下并不具备法人资格，缺乏组织的"合法性"。这导致关系的松散和结构的不稳定，需要更加明确的组织架构和管理机制。三是多主体参与，职业教育集团是一个多元利益主体共同参与的组织形式，除了职业院校和企业外，政府、行业组织、科研院所等也是重要的参与主体，如按照组成对象分为校校联合式、校企联合式和多元重组式；按照主导关系分为政府主导式、企业主导式、学校主导式、股份融资式和滚动发展式等，不同的组织模式在实践中展现出政府、企业、学校等不同主导关系，形成了多样化的发展路径和合作模式，为职业教育的发展提供了丰富的经验和借鉴。

4. 产教融合型企业

2017 年，《国务院办公厅关于深化产教融合的若干意见》第一次提出"产教融合型企业"这一组织形态，强调要积极培育产教融合服务组织（企业），促进产教供需双向对接[1]。教育部等六部门联合印发的《职业学校校企合作促进办法》（2018）[2]和国务院颁布的《国家职业教育改革实施方案》

---

1 国务院办公厅关于深化产教融合的若干意见[EB/OL].（2017-12-19）[2024-05-15]. https://www.gov.cn/zhengce/content/2017-12/19/content_5248564.htm.

2 教育部等六部门关于印发《职业学校校企合作促进办法》的通知[EB/OL].（2018-02-12）[2024-05-16]. http://www.moe.gov.cn/srcsite/A07/s7055/201802/t20180214_327467.html.

（2019）鼓励省级政府开展产教融合型企业建设试点，培育数以万计的产教融合型企业[1]。

产教融合型企业作为一种新型组织形态，融合了产业域和教育域的属性和功能，在人才培养、校企合作和产教融合中发挥着重要作用，通常强调企业作为主体，承担商品生产和教育教学功能，以企业为主导，实现人才链、产业链和创新链的融合。

在组织定位层面，产教融合型企业具有三重属性叠加的显著特征。首先是市场主体属性，保持正常生产经营活动，遵循市场规律参与市场竞争；其次是教育主体属性，承担技术技能人才培养责任，通过建立标准化实训体系，开发模块化课程资源，实现教育功能内生化；最后是社会服务主体属性，通过技术成果转化、社会培训服务等方式履行社会责任。这种多维属性的有机统一，使得企业能够将生产标准转化为教学标准，将技术革新即时反馈到人才培养过程。

从功能实现维度看，产教融合型企业构建起"三维立体"的功能体系：在纵向维度形成"基础技能-专项能力-综合素养"的递进培养结构，横向维度构建"生产车间-实训基地-研发中心"的协同育人空间，立体维度打造"企业导师-专业教师-行业专家"的多元师资矩阵。具体实践模式可分为三类典型：主体办学型通过设立产业学院或企业大学，深度参与专业建设与人才培养全过程；依托现代学徒制、订单培养等模式，实现人才定制化培养；教育衍生品型聚焦教育装备研发、虚拟仿真实训系统开发等教育服务产品供给。

运行机制方面，产教融合型企业构建起"四链融合"的创新生态。通过建立"招生即招工、入校即入企"的人才贯通培养机制；产业链方面，推动教育供给与产业需求精准对接；创新链方面，搭建产学研协同创新平台；价值链方面，实现教育效益、经济效益、社会效益的协同增长。这种

---

1 国务院关于印发国家职业教育改革实施方案的通知[EB/OL].（2019-02-13）[2024-06-18]. https://www.gov.cn/zhengce/content/2019/02/13/content_5365341.htm.

机制创新有效破解了传统校企合作"校热企冷"的困境，通过建立利益共享、风险共担的长效机制，激发企业参与职业教育的持续动力。

产教融合型企业的发展对现代职业教育体系重构具有深远意义，推动了职业教育办学主体从单一学校向多元协同转变；促进人才培养模式从学科导向向能力本位转型；加速教育供给方式从标准化培养向个性化定制演进。通过持续创新实践，产教融合型企业书写职业教育改革的新篇章，为制造强国建设提供坚实的人才支撑和智力支持。

5. 市域产教联合体

2022 年，中共中央办公厅、国务院办公厅印发的《关于深化现代职业教育体系建设改革的意见》提出建设市域产教联合体的战略任务[1]。2023 年，教育部办公厅发布《关于开展市域产教联合体建设的通知》[2]，启动市域产教联合体创建工作，提出到 2025 年共建设 150 家左右市域产教联合体的工作目标。

市域产教联合体的建设是深化现代职业教育体系改革的重要举措，有效推动职业教育的高质量发展和服务区域经济社会发展，市域产教联合体由链长企业牵头，整合了联合学校、科研机构等各方资源，是推进职业教育高质量发展的必然要求和现实选择，主要特征包括以下几点：一是根植于区域，强调以"市域"为组织空间，旨在为区域经济社会发展提供更好的服务，避免过去追求"大而全"和只与大企业、名企业合作的情况。二是以产业园区为依托，产业园区是其物理空间的载体，具有一定的条件限制，如总产值在本省域要位于前列，核心主导产业为先进制造业、现代服务业和现代农业等，加速发展战略性新兴产业。三是组织结构完备，由政

---

1 中共中央办公厅，国务院办公厅. 关于深化现代职业教育体系建设改革的意见 [EB/OL].（2022-12-21）[2024-05-16]. https://www.gov.cn/zhengce/2022-12-21/content_5732986.htm.

2 教育部办公厅. 关于开展市域产教联合体建设的通知[EB/OL].（2024-10-21）[2024-05-17]. https://www.gov.cn/zhengce/zhengceku/2023-04/22/content_5752652.htm.

府、企业、学校、科研机构等多个主体构成理事会（董事会），明确组织架构、运行机制、任务分工以及各主体的责任、权利和义务，实现实体化运行。市域产教联合体的建设有助于促进产教融合，提升职业教育质量，推动区域产业升级和人才培养。

6. 产学研平台

产学研平台是一种高效的资源整合方式，能够充分发挥学校、企业和研究机构各自的优势，实现三方合作共赢。通过产学研平台，学校、企业和研究机构可以共同参与科研项目的开展，促进科研成果的生成和技术创新的应用，推动科技成果向实际生产力的转化。学校的科研能力和理论基础可以为新技术、新产品的研发提供支持，企业则能够提供市场导向、应用场景和资金支持，确保研究方向与市场需求紧密相连，促进研究成果的商业化进程。同时，研究机构的专业支持也能够帮助解决研发过程中的技术难题，提升科研项目的实施效率和成果质量。

基于产学研合作，企业可以获取最新的科研成果和技术动态，提升自身的技术水平和市场竞争力；学校可以提升科研实力，支持学生的实践学习和科研创新，为人才培养和技术研发提供新途径。产学研合作不仅促进了科研成果的应用和转化，也为学校和企业带来了新的发展机遇和合作空间，推动了学校、企业和研究机构三方之间的深度互动与合作，为可持续发展教育和产业发展注入新的活力。

3.2.2　共赢逻辑

校企合作是指学校与企业之间为了共同的目标和利益，在多个领域和层面上的广泛合作，实现资源共享、优势互补的一种教育模式。各方主体应摒弃单一思维逻辑，坚持"以教促产、以产助教"的理念，积极探索校企合作形式，共同培育产教融合协同育人生态，推进"产学研"一体化教学。

校企合作的本质在于促进教育和产业的深度融合，实现资源共享、优势互补，为学生提供更好的实践机会和职业发展支持。校企合作应该是双向的互利共赢关系，学校和企业需要共同努力，共同承担责任，实现合作的最大效益。学校通过与企业合作开展实践课程、实习项目、科研合作等形式，了解行业最新的发展趋势和需求，调整教学内容和方法，为学生提供更多实践机会，增强他们的实践能力和就业竞争力。同时，企业也可以通过与学校合作，发现和培养人才，解决自身发展中的问题，推动产业升级和创新发展。校企双方共同努力，共同发展，才能实现校企合作的最大价值和效益。

1. 实训室共建

通过学校与企业的共同投资和资源共享，建立起专门用于科研和教学的实验平台，增加实践性、前沿性的学习机会，促进科研成果的产出和技术创新的应用。企业的资金支持、先进设备和技术资源的贡献以及技术人员的参与，能够帮助实验室保持设备现代化和科研前沿性，提升科研水平。同时，企业参与科研项目也能够促进科研成果的商业化转化，增加科研成果的商业潜力，推动科技创新与产业发展的结合。这种形式的校企合作不仅有助于提升学生的实践能力和就业竞争力，也能够促进科研成果的应用和产业化，推动科技创新和产业发展。企业与学校共同投入、共同分享资源，共同推动科研和教学的发展，既有利于实现产学研深度融合，也可为社会培养更多高素质人才和推动科技进步作出重要贡献。

2. 课程共建

校企合作共同开发和实施针对特定行业或领域的课程，可增强课程的实践应用性，使课程内容紧跟行业发展的步伐，更好地满足市场的实际需求。企业参与课程设计和教学实施的过程中，不仅是课程内容的提供者，也是课程设计的参与者，通过提供实际案例、项目经验和技术标准等资源，达到丰富课程内容，使学生能够更好地理解行业实践和应用技能的效果。在教学实施环节，企业派遣经验丰富的技术人员进入课堂，与学校教师共同授课，能够为学生提供更加贴近实际工作的教学环境，激发学生学习的兴趣和动手能力。对于学校而言，校企共建课程有助于提高教学质量，使课程内容更加贴合市场需求，提高学生的就业竞争力。通过与企业的合作，学校能够更好地了解行业动态和技术发展趋势，及时调整教学内容和方法，培养出更符合市场需求的人才。同时，这种合作模式也有助于学校与企业建立长期稳定的合作关系，为学生提供更多的实习和就业机会，促进校企之间的深度合作与共赢发展。这种紧密的校企合作模式有助于提高教育质量，培养更加符合市场需求的人才，推动产业发展和社会进步。

3. 人才共育

为了适应企业数字化转型的需求变化，综合考虑学校的专业特长、师资力量以及企业的需求，开展双向导流的校企协同教育模式。校企双向人才培养包括企业专家进校授课、学生在企业实习、共同开展科研项目等多种合作形式，其中最明显的共享优势是，学校更好地了解企业数字化转型的需求，开展定向培养计划，为企业量身定做人才培养方案，调整教学内容和方法，包括专业课程的编排、实习实训的安排以及职业技能的培训等，旨在培养学生的专业知识和实际操作能力，成为具备数字化技能的专业人才，使其毕业后能够迅速适应企业的工作环境，满足企业的专业人才需求。校企合作实现了人才的共同培养和素质提升，为企业打造高素质的员工队伍，也为学校提供了更加明确的教育方向和实践平台。校企合作模式建立了稳定的人才供给链，有助于形成校企长期的战略合作关系，使高职教育适应企业数字化转型发展的需求，为学生和社会提供更好的教育和就业服务。

4. 创新创业平台共建

校企共建创新创业平台是一种旨在激发创新精神、培养创业能力并促进科技成果转化的合作模式，由学校和企业共同建立，为学生、教师和企业提供集创意孵化、项目开发、资源对接于一体的综合服务体系。企业需要提供必要的资金支持，贡献场地资源、技术指导和管理经验，深入参与到创新创业项目的孵化过程中。

对企业而言，深入参与创新创业平台建设，有助于将学校的学术研究成果与市场需求相结合，提高项目的市场适应性和商业潜力，也能通过平台发现商机，拓展业务领域，增强自身的创新能力和竞争力。对学校而言，通过创新创业平台，为学生和教师提供一个实践创新理念和锻炼创业技能的环境，学生接受创新创业教育，参与实际的项目开发，培养创新思维、团队协作能力和风险管理能力。教师通过与企业的合作，将科研成果转化为实际应用，推动科技成果的产业化。此外，平台给学生提供了一个展示自己创意和才能的舞台，学生在这里将自己的创新想法变为现实，甚至发展成为可行的商业模式，既有助于学生个人能力的提升，也可为社会创新和经济发展注入新鲜血液。

5. 信息共享

面对行业中的信息孤岛问题，校企双方本着互惠互利的原则，共同建设在线平台、数据库和知识库，提高了信息资源的可获取性和利用率，解决信息资源使用效率低、逻辑性差和分散分布的问题，实现资源共享和优势互补，提高各方资源的融合与应用。企业通过平台分享行业标准、操作指南、项目案例，为学生提供更多实际操作的启示和指导，有效提高学生的实践能力和专业素养；发布岗位信息、企业资源以及对学生的期望等内容，有助于学校及时了解最新的行业发展状况和企业的实际需求，制订教学计划、调整课程设置和指导学生就业；建立相对稳定的企业实习实训和就业通道，进一步促进校内专业教学资源向行业生产要求靠拢。学校则向企业提供科研成果、人才培养信息、教育资源等，为企业带来新的技术创新点，帮助企业发现和吸纳优秀的潜在员工，为企业员工的继续教育提供支持，提升企业的技术水平和市场竞争力。信息共享平台建设为育人主体提供一个便捷的沟通和交流渠道，加强了校企合作的深度和广度，有效推动教育创新和企业发展。

3.3　加强产教融合人才培养对策

我国普通高职院校在产教融合方面已取得了一定的成果，人才培养的质量也有所提升，但仍有较大的发展空间。因此，优化各主体的自身建设，并强化它们之间的协同作用，以实现政府主导、学校尽责、企业主动参与、行业指导的高质量产教融合教育模式至关重要，基于此，本书从政府、院校、企业、行业四个维度提出相应的策略。

3.3.1　政府层面

鉴丁我国的独特国情与特色，无论是高职院校还是企业行业，在发展与合作的进程中，都必须严格遵循我国政府公共关系活动的基本原则。政府作为高等职业教育产教融合、协同育人关系的核心主导者，对其他参与主体负有指导、管理和监督的重要职责。为了有效推动产教融合，政府需要不断完善政策保障体系，为产教融合人才培养提供坚实的制度保障。同时，政府还应积极构建产教融合的运行平台，促进学校与产业之间的深度对接与合作。

在实现教育与产业相互融合的过程中，政府还需要运用有效的管理监督手段，确保产教融合的顺利推进。这包括制定明确的产教融合目标和规划，建立科学的评估体系，对产教融合的实施效果进行定期评估和监督。通过不断优化和创造学校人才培养的内外部环境，政府可以为高职院校和企业行业提供更好的合作条件和发展空间。

1. 加强政策保障，提升政府统筹协调能力

鉴于高等职业教育地位的提升以及产业转型升级的迫切需求，各省份应加强产教融合政策制度的顶层设计，借鉴国内外先进经验，出台符合本省份实际情况的政策措施，结合区域特色，进一步完善现代职业教育制度，推动产业需求与学科专业的精准对接，以保障产教融合各主体的权益。

（1）加强深度调研与全面分析。要有效地推动产教融合，政府必须深入进行地方产业需求和高职院校发展情况的调研。政府不仅要了解产业的当前状况，还要预测其未来发展趋势，同时掌握高职院校的教育资源、专业设置、师资力量以及学生就业情况等信息，准确地分析产教融合各主体的实际需求，进而制定更加符合实际的政策。

在调研的基础上，政府需要加强政策的统筹和资源的规划，建立健全产教融合信息服务平台，实现高职院校人才培养和专业建设与产业需求的精准对接，确保政策能够引导学校和企业形成协同育人的机制，使产教融合真正发挥实效，达到教育服务产业的目的。

此外，政府还应根据各高职院校的"十四五"专业建设发展规划，结合省域内现代产业集群的发展情况，科学确定产业对接的院校及专业。在这一过程中，政府应充分发挥职教集团、产业学院、专业指导委员会等组织的作用，鼓励企业行业积极参与高职院校的教师培训、学生实习及专业建设等，推动人力、设备、文化等方面的资源共享，促进校企共建人才培养体系，推动产教融合深入发展。

（2）细化实施方案，明确各方责任。在推动产教融合的过程中，政府需要发挥管理、引导、监督的作用，明确各主体的责任分工，包括政府的管理引导责任、学校的立德树人责任、企业的主动参与责任以及行业的加强指导责任，促进各主体严格履行职责，共同推动产教融合人才培养的落实。

为了细化实施方案，政府需要充分听取学校、行业、企业等各方的意见和建议，积极邀请他们参与产教融合政策和相关法律法规的制定，确保政策更加符合实际，更加具有可操作性。同时，政府下属部门如省教育厅、人社厅、发展改革委等也需要认真研究分析上级文件精神，加强部门之间的联通联动，结合各自部门的职能完善工作目标和分工，还要制订详细的任务清单和任务完成计划。

在实施方案的过程中，政府还需要设立监管部门，对产教融合的执行情况进行监督和评估。对于态度消极、推诿扯皮、违法违规等问题，监管部门应依法依规进行处置，确保产教融合的顺利推进和有效实施。通过这样的细化和完善，政府可以更好地推动产教融合的发展，为地方产业和高职院校的共同发展提供有力的支持。

2. 加强监管保障，健全内外监督评价机制

为了确保高职院校产教融合人才培养的质量和效果，必须强化监管保障体系，构建涵盖政府、院校、企业、行业等多方主体，全面的内外监督评价机制，共同参与到产教融合人才培养的评价和监督中来。

（1）健全内部评价体系。内部评价体系的完善是确保产教融合人才培养质量的关键，需要结合人才培养目标、行业岗位标准、产业需求等多元的评价标准和指标，建立健全由政府、院校、企业、行业等共同参与的产教融合人才培养内部评价体系。这一体系应当能够对产教融合人才培养的全过程进行有效的监督和评价，确保人才培养的质量与产业的实际需求相契合。

通过组建评价考核体系，成立由政府、院校、企业、行业相关负责人共同参与的产教融合人才培养评价考核专项工作组，负责全面指导和监督产教融合人才的培养过程。同时，建立由相关专家学者、技术骨干组成的学生实习就业、专业建设、技术服务等产教融合具体任务指标考核小组，对产教融合人才培养方案制定、过程监督、考核评价开展全过程管理，确保各主体的功能作用得到充分发挥。

采用集体决策、广泛征求意见的方式，共同制定符合地方社会实情、现代高职院校发展、企业产业转型升级的产教融合评价标准和指标。这些标准和指标应当涵盖社会价值、育人价值、经济价值等多个方面，通过细化和量化评价标准和指标，使产教融合评价更加具体可行，能够更好地指导和推动产教融合工作的深入开展。

为了方便各主体之间的信息共享和沟通协作，需要建立独立的高职院校产教融合信息化服务平台。平台是各主体发布官方信息、项目合作需求、人才供给需求等信息的重要渠道。同时，平台后台能够快速收集整理产教融合各方面的执行情况，为政府宣传产教融合政策、高职院校和企业行业

在项目合作、实习就业等方面的信息共享以及政府对产教融合项目的统一管理和评价提供有力支持。

（2）健全外部评价体系。除了内部评价体系之外，还需要健全具有独立身份和专业资质的第三方机构外部评价体系，作为对内部评价体系的有效补充和监督，确保产教融合评价的科学性和验收结果的真实性。

一是要健全法律保障体系，通过立法的形式确定第三方评价机构的职权、准入条件、评价程序、评价指标及评价结果应用等关键要素，为第三方机构执行评价监督提供明确的法律依据和保障，确保其评价作用的切实发挥。

二是要加强第三方评价机构的培育，结合地方特色和发展需求，积极培育和发展具有专业资质的第三方评价机构。搭建由第三方社会企业为主体，加上学校、企业专家和教育评估专家等共同组成评价团队的产教融合人才培养质量评价平台，加强社会力量推广宣传、提升评价结果在高等职业教育高质量发展和企业产业转型升级中的应用等方式，不断提升评价团队的社会知名度和认可度。

3. 加强财政支持，提高奖励激励水平

为了推动高职院校产教融合工作的深入开展，需要加大财政支持力度，提升奖励激励水平，从职业教育与培训、合理的征税和激励投入制度等方面为各主体参与产教融合人才培养提供坚实的保障。

（1）完善财政政策保障。政府需要进一步发挥主导作用，在完善产教融合办学模式和制度上给予更多的政策支持和财政投入。

一是要完善奖励激励制度。对积极参与产教融合人才培养并取得一定成效的企业给予优先入选产教融合型企业的资格，特别是对于那些在订单培养、学徒制培养、"2+1"联合培养等方面有较大投入的企业，给予一定的税收优惠和奖励。同时，要把产教融合人才培养质量评价结果纳入"双高计划"、职业本科选拔的标准中，鼓励高职院校不断创新改革、提升产教融合人才培养质量。

二是要完善专项经费保障制度。政府需要深入研究高职院校产教融合人才培养中所需的经费项目，并设立专门的产教融合人才培养专项经费。这项经费将用于支持顶岗实习学生的交通、餐饮、住宿等补贴，为教师挂职锻炼提供补助资金，为企业专家、技术骨干来校兼职兼课和开展讲座、研讨、交流等活动设置专项报酬经费。同时，政府还应为校企共建实训基地、共同开发课程教材、共同研发科学技术等项目提供专项经费保障，确保这些项目能够顺利进行并取得实效。

（2）加大财政投入。除了完善财政政策保障之外，政府还需进一步加大对高职教育的财政投入力度，并不断优化经费支出结构。

一是提高重点专业经费标准。针对各专业和产业发展需要，在现有高职生均拨款标准不低于一定水平的基础上，对市场需求大的专业以及对标地方现代产业集群的专业给予更高的经费支持，以促进这些重点专业的快速发展，提升人才培养质量，使其更好地适应市场需求和产业转型升级的要求。

二是增加高职院校产教融合经费占比。政府加强论证和调研工作，深入分析高职院校发展规划和产教融合工作需求，适当增加高职院校经费中产教融合经费的占比，确保有足够的经费支持产教融合工作的深入开展。同时，在产教融合政策和实施办法中，进一步明确产教融合专项经费的来源和使用办法，对高职院校奖补、产教融合型企业奖励、学生实习补助和保险、校外兼职兼课教师课酬、聘请专家开展研讨或讲座费用等方面进行明确的规定和保障措施，有助于提升校企合作的积极性和效果，推动产教融合工作的顺利开展。

三是加大各主体的投入力度。除了政府财政投入之外，还要地方高职院校和企业产业发展实际情况，通过融资贷款、免息贷款、土地置换等多种方式拓宽产教融合投入渠道，引更多的社会资金投入产教融合工作中来，形成政府、企业、学校等多方共同参与的产教融合投入机制。加强引导企业在现代学徒制培养、订单培养、职工培训、实训室建设、产学研合作等方面的经费投入力度；规范高职院校经费使用管理；加大在产教融合人才培养上的支出比例等措施来推动各主体积极参与产教融合工作并提升其投入力度。

3.3.2 学校层面

高职院校作为高等职业教育的核心载体,必须深刻认识到产教融合的正确性和必要性。为了紧密贴合所在地区的经济发展需求和企业实际要求,学校应深化教育教学改革,强化内涵建设,致力于建立健全产教融合的人才培养体系。

1. 以提质培优为导向,优化教师结构

(1)着力提升校内教师水平。教师是学校教育教学活动的核心力量,其专业水平和综合素质直接关乎学校人才培养的质量与成效。因此,强化教师队伍的建设是保障学校教育教学质量的关键所在。高职院校应着力加强教师的教育培训工作,积极邀请业界专家、行业学者以及其他高校的资深教授来校开展教育培训活动,旨在全面增强教师的职业素养、专业技能和思想品质。同时,要注重"双师型"教师的培养,努力打造国家级的"双师型"教师培养培训基地和教师企业实践基地,通过建立健全的奖励机制,激励教师积极参与专业技能等级的评定,从而有效推动"双师型"教师队伍的壮大与发展。此外,校企双方应携手共建教师企业实践流动站,组织教师深入企业参与挂职锻炼和技能学习,使他们能够紧跟行业前沿,全面了解生产一线的知识与技能,丰富实践经验,进而不断提升教学能力。

(2)完善人才引进及管理办法。在师资引进的过程中,学校应当致力于进一步完善人才引进机制,并严格筛选标准,以确保所引进的人才能够真正符合学校的发展需求和专业建设目标。为此,学校应根据自身的发展实际,紧密结合专业建设需求和人才培养目标,制定出一套科学合理的人才引进政策,明确人才引进的方向、重点和要求,以确保引进的人才能够与学校的发展战略和人才培养目标高度契合。

在制定人才引进政策的同时,学校还应制定更为严谨的选人用人标准,

应当注重考察人才的思想品质、专业能力和工作热情等，优先聘用那些既有深厚学术底蕴，又有强烈责任心和进取心的人才，确保所引进的人才不仅具备扎实的专业素养，还能够为学校的发展注入新的活力和动力。

为了吸引和留住优秀人才，学校还需要加强配套环境和资源建设，包括完善住房、医疗、教育、薪资等方面的校内服务功能，为人才提供全方位、多层次的支持和保障。通过提供优质的生活和工作条件，学校可以增强对优秀人才的吸引力和凝聚力，使他们更加愿意为学校的发展贡献自己的力量。

此外，学校还应加大奖励激励制度的建设，完善惩罚处置机制，突出对有能力、有贡献的人才的重视和认可，激发他们的积极性和创造力，通过完善惩罚处置机制，学校可以规范人才的行为和态度，确保他们能够始终保持高度的责任心和敬业精神。

（3）规范校外兼课教师管理。为了进一步提升教育教学质量，更好地与行业企业需求接轨，应积极建立由企业行业专家、技术骨干组成的兼职兼课教师资源库，为学校提供丰富多样的师资选择，确保学校能够优先聘请到经验丰富、技术精湛的专家来校担任授课教师或技能竞赛指导教师。

院校应鼓励本校教师与企业员工互换身份，进行实地学习和交流，从而推动校企互聘教师队伍的改革，有助于教师和企业员工个人能力的提升，还能促进校企双方在教育教学、技术研发等方面的深度合作。

学校应明确双向管理机制，确保兼职教师的教学质量和效果。校企双方应共同完成对企业兼职教师的管理，包括教学计划的制订、教学过程的监督以及教学效果的评价。通过联合开展教育教学评价，学校可以更加全面地了解兼职教师的教学水平，并根据评价结果给予相应的报酬，以激励他们更好地投入教学工作。

2. 紧贴市场需求，提升就业质量

（1）革新人才培养目标，适应时代需求。高职院校应紧跟地方经济和产业需求，主动出击，了解产业需求及发展方向，建立信息反馈机制，充

分利用集团办学、产业学院、校企合作等平台优势，制定"一专多能"的人才培养目标，确保人才培养方案能够满足学生发展、家长关切、政府统筹、企业需求、行业指导等多方面的利益要求。同时，学校应加大与优质企业的合作力度，实现"入校即就业"的目的，为学生提供更多的实践机会和就业保障。

（2）更新教学内容，确保学以致用。学校应结合行业标准和岗位规范，及时更新教育教学内容，确保学生能够学到最新的知识和技能，将企业文化融入学校文化建设中，有助于学生更好地了解企业，做出符合自身条件的就业选择。学校还应优化课程体系，开发新教材，确保课程内容与行业标准、岗位需求紧密相连，在教学过程中，结合学生特点，采用课堂理论教学与实践教学相结合的方式，带领学生深入企业一线，通过解决实践操作中的问题，引导学生将理论知识转化为实践技能，实现"因材施教"。

（3）优化实习实训条件，提升实践能力。为了进一步提升学生的实践能力，学校应优化实习实训条件。一方面，完善校内实训基地建设，实现实训教学环境与企业生产环境、生产过程的对接，让学生在实践过程中能够亲身体验企业生产流程，培养职业能力。在实训室建设过程中，要邀请企业、行业经验丰富的专家、技术骨干参与论证，确保建设的实训室能够满足学生技能技术培养的需要。另一方面，发挥校外实训基地的实效，充分利用订单培养、学徒培养、"2+1"联合培养等模式，安排学生赴企业开展顶岗实习，提前接触企业生产岗位，提升职业素养。同时，学校和企业应共同安排教师跟踪管理，联合培养，确保实习效果和安全稳定。此外，学校还应将课堂搬入校外实训基地，建立"理论+实践"交替的教学模式，促进学生将理论转化为实践。

3. 以产业发展为导向，加强专业建设

高职院校应紧密围绕市场需求，深刻认识自身发展形势和环境特点，坚持服务发展、促进就业，实现省内重点产业、区域产业结构的有机结合。

（1）强化调研论证，确保专业与产业无缝对接。高职院校专业建设要

与产业形成无缝对接，学校领导和专业带头人必须深入企业产业一线，与企业管理专家、一线技术骨干开展座谈交流。以企业产业需求和发展方向为基础，以学生就业和职业发展为目标，论证专业建设可行性，研究专业发展方向。对于市场需求大、有前景的专业，要加大建设力度，而对于不符合市场发展规律的专业，要敢于调整或改革创新，确保与市场接轨。

（2）加强品牌建设，提升专业实力。特色办学是高职院校在激烈竞争中脱颖而出的核心特征。面对当前专业设置趋同化的挑战，高职院校必须着力提升品牌专业的实力，将专业建设作为学校发展的核心内容，坚定地走一条特色、质量、效益和结构相协调的发展之路。这是高职院校实现稳定发展的前提条件，也是其在高等教育体系中占据一席之地的重要保障。学校应当继续加大核心专业建设的投入力度，在专业人才培养方面，要注重理论与实践相结合，培养学生的创新能力和实践技能；在课程建设上，要紧跟行业发展趋势，不断更新教学内容和方法；在实训室建设方面，要积极引进先进设备和技术，为学生提供良好的实训环境；在技术服务上，要加强与政府和企业的合作，共同推动技术创新和应用。

学校应积极开发校企合作共建项目，吸引产教融合企业参与到学校的教育教学中来，通过与企业深度合作，共同制订教学计划、开发课程、建设实训室等，可以实现校企共建品牌专业，进一步提升学校的教学质量和学生的就业竞争力。

3.3.3　企业层面

高职院校产教融合人才培养的顺利推进离不开企业的积极参与和主体责任的承担。为适应经济发展规律，实现产业转型升级，企业必须转变观念，加强在产教融合人才培养中的责任意识，主动承担任务。

1. 转变观念，建立校企合作主体意识

企业应摒弃"唯利是图"的短视观念，树立校企合作共同发展的长远意识，积极承担产教融合人才培养的社会责任。将提升学生专业能力和职

业素养视为自身职责的一部分，以此提升社会影响力，从而获得更多的政策和人才支持。在人才培养过程中，企业应提高参与积极性，主动承担教育工作和任务，加大在产教融合人才培养中的投入，以满足企业发展所需的人才和技术服务。同时，建议企业将企业文化提前融入日常教育教学，对学生进行职业规划及就业教育，以培养学生正确的就业观，并增强学生对企业的认可感和归属感。

2. 提高认识，树立发展战略思维

在全面深化改革和产业转型升级的大背景下，企业面临着前所未有的机遇与挑战，需要正确认识并积极拥抱校企双方互相支持、优势互补、资源共用的协同育人模式。这不仅对于企业的长远发展具有重要意义，更是推动整个产业持续健康发展的关键所在。

企业应树立可持续发展的战略思维，深刻理解到长久生存和发展并不仅仅依赖于核心产品和科学的管理制度，更需要一种良好的、能够与时俱进的运营模式。在这种模式下，企业应致力于建立一种循环、可持续的运营体系，与高职院校形成紧密的"命运共同体"，共同应对市场变化，实现互利共赢。通过深入参与产教融合，企业可以获得源源不断的优质技能型人才。这些人才不仅具备扎实的理论基础，还经过实践的锤炼，能够迅速适应企业的实际需求。同时，企业还可以从高职院校获得理论支持和技术研究平台，为其技术创新和产品升级提供有力支撑。

在全面深化改革和产业转型升级的背景下，企业需正确认识校企双方互相支持、优势互补、资源共用的协同育人模式对促进产业发展的重要意义。企业应树立可持续发展的战略思维，认识到长久生存和发展不仅依赖于核心产品和科学管理制度，还需要良好的运营模式。为此，企业应建立循环、可持续的运营模式，形成校企"命运共同体"，实现互利共赢。通过深入参与产教融合，企业可以获得源源不断的优质技能型人才、理论支持和技术研究平台。因此，企业在实训室建设、教材课程建设、学生实习保障、员工培训等方面应敢于并有能力投入。

3. 加强协作，创新协同育人模式

企业的发展离不开团结协作。为获得源源不断的人才保障，企业必须变被动为主动，加强团结协作，创新协同育人模式。一方面，要加强企业间的协作，发挥龙头企业、优质企业的引领作用，带动产业辐射范围内的中小企业，结合产业发展需求和岗位标准对接高职院校专业群建设，确保专业人才培养符合市场需求。另一方面，要加强校企协作，主动邀请学校将教室、课堂搬进企业生产一线，加强学生顶岗实习管理与指导，鼓励企业技术骨干参与学校教育教学活动。校企应共建"企业名师工作室"，着力推进订单班、现代学徒制和"2+1"工学结合等培养模式的改革，努力实现专业设置与产业需求、课程内容与职业标准、教学过程与生产过程、毕业证书与职业资格证书、职业教育与终身学习等"五个对接"。

3.3.4　行业层面

如今，尽管社会各界对产教融合的重要性已有广泛认识，但行业协会在这一领域中的地位与作用尚未得到充分发挥。这既是一个现状的反映，也显示出潜在的巨大需求。

1. 建立行业标准，加强引领作用

在产教融合体系中，政府主要承担宏观政策保障的职责，为整个体系提供方向和支持。然而，仅仅依靠政府的宏观指导并不够，行业在中观和微观层面需要发挥更为具体和专业的指导作用。这就要求行业协会不再仅仅是一个协调或服务的角色，而是要主动深入高职院校和企业，利用其独特的权威性和专业性，在多个关键领域发挥引领作用。

行业协会应积极参与行业标准的制定，确保标准的科学性和前瞻性，应深入参与到高职院校的教育教学改革中，提供专业建议，帮助学校调整专业设置，使教学内容更加贴近行业实际。在人才培养模式上，行业协会也应发挥其创新引领作用，推动学校和企业共同探索更加有效的人才培养路径。

除了在教育领域的引领，行业协会还应利用其专业水平上的优势，指导企业进行产业转型升级，帮助企业把握市场趋势，提升竞争力。同时，促进校企之间的资源共享和人才互通，打破信息壁垒，实现资源的最优配置。利用其广泛的资源整合能力，行业协会还可以拓宽市场渠道，加强市场监管，为产业的健康发展提供有力支持，确保产教融合体系的持续、稳定发展。

2. 加强自身建设，提升指导能力

行业协会的自身水平是其地位的重要决定因素。为了提升在产教融合体系中的指导地位，行业协会需要不断加强自身建设，建立一个由行业协会主导，政府部门、行业指导委员会等多方共同参与的行业职业教育指导工作体系，整合资源，发挥集体智慧，为产教融合提供更加全面、专业的指导。

在处理与政府的关系上，行业协会需要展现出其独特的价值和作用，应积极帮助政府解决现代职业教育发展中的难题，为政府提供行业内的专业建议和数据支持。同时，行业协会还应协调高职院校和企业之间的关系，推动双方在教育教学、实习实训、技术研发等方面的深度合作，共同推进产教融合、校企合作，以获得更多的政策和财政支持，为其在产教融合中的发展奠定坚实基础。

在行业内企业管理方面，行业协会应制定统一的行业标准，规范企业行为，提升整个行业的竞争力，积极吸引优质企业加入，壮大行业力量。对于中小企业，行业协会可以提供必要的帮助和支持，促进其产业发展，提高其在市场中的竞争力。

行业协会还应加强与高职院校的紧密联系，与学校共同开展学术研究，探讨行业发展趋势和人才培养模式创新等问题，提升自身的行业理论水平，并更好地发挥其在产教融合中的指导作用。

3. 发挥组织优势，提升服务能力

行业协会拥有丰富的技能培训、技能竞赛组织和职业技能鉴定等优势

资源，应致力于加强高职院校与企业之间的资源共享，共同搭建一个旨在提升人才培养质量的服务平台。紧贴产业需求，积极组织不仅面向学校师生，也面向企业员工的各类职业技能培训活动，全面提升职业素养和实践能力。通过培训，师生和员工能够更好地了解行业动态，掌握最新的职业技能和知识，从而更好地适应产业发展的需求。同时，行业协会还应致力于完善职业技能鉴定标准体系，提升师生和员工职业技能等级获得权威的职业技能认证，进一步增强他们的职业竞争力。

此外，行业协会还应积极发动政府和社会力量组织各类职业技能竞赛活动。这些竞赛活动不仅可以为产教融合人才的选拔和培养提供更多机会，还可以激发师生和员工的创新精神和竞争意识，推动他们不断提升自己的职业技能水平。结合产业发展的实际需求，行业协会可以持续开发行业岗位标准，为产教融合提供更加明确的方向和目标，也有助于企业更好地进行技术创新和产业转型。

4 数字赋能
——现代智慧教育

    教育因科技而发展。随着数字经济的发展和新一代数字技术的兴起，对教育环境、教育模式到教育理念、教育目标，产生了史无前例的巨大冲击，教育领域正面临着革命性的影响和变革。我国政府部门相继出台一系列政策与文件，2019 年，中共中央、国务院印发《中国教育现代化 2035》[1]，中共中央办公厅、国务院办公厅印发《加快推进教育现代化实施方案（2018—2022 年）》[2]。2021 年，教育部等六部门发布的《关于推进教育新型基础设施建设构建高质量教育支撑体系的指导意见》指出，教育新型基础设施建设（以下简称教育新基建）是国家新基建的重要组成部分，是信息化时代教育变革的牵引力量，是加快推进教育现代化、建设教育强国的战略举措[3]。2022 年，《教育部 2022 年工作要点》明确提出"实施教育数字

---

1 中共中央、国务院. 中国教育现代化 2035[EB/OL].（2019-02-23）[2024-05-20]. https://www.gov.cn/xinwen/2019-02/23/content_5367987.htm.

2 中共中央办公厅，国务院办公厅. 加快推进教育现代化实施方案（2018—2022 年）》[EB/OL].（2019-02-23）[2024-05-20]. https://www.gov.cn/xinwen/2019-02/23/content_5367988.htm.

3 教育部等六部门关于推进教育新型基础设施建设构建高质量教育支撑体系的指导意见-[EB/OL].（2021-07-08）[2024-05-20]. https://www.gov.cn/zhengce/zhengceku/2021-07/22/content_5626544.htm.

化战略行动"[1]。党的二十大报告在"实施科教兴国战略，强化现代化建设人才支撑"部分强调要"推进教育数字化"。习近平总书记在主持中共中央政治局第五次集体学习时指出："教育数字化是我国开辟教育发展新赛道和塑造教育发展新优势的重要突破口。"一系列文件与政策强调推动教育数字化、智能化、融合创新，体现了教育数字化引领是未来技术变革的时代新要求，预示着数字技术与教育教学深度融合正在重塑未来教育生态，已成为赋能教育创新发展的重要内容。

智慧教育正深刻地改变着教育的面貌，引发教育界各个层面的系统性、结构性变革，在各级教育教学改革中扮演着重要角色。我国深入实施智慧教育战略，加快推进教育数字化、平台化、智慧化，以技术赋能教学、管理和服务，形成数智驱动，不断提升教育治理能力和教育服务水平。面对智慧教育的发展，职业教育需要主动适应新技术、新业态、新场景，将人才培养与先进数字技术融合，推进教育数字转型与智能升级、增强职业教育的适应性成为当前的迫切需求，实现职业教育高质量发展。为了提升高职教育与产业发展，增强职业变化的适应性，高职院校需为学生提供个性化学习服务，利用人工智能等技术创新教学场景，推动数字技术与教学融合，促进师生思维碰撞和学生高阶思维培养。

数字技术正成为教育创新发展的重要支撑，推动建设数字化教育体系要求课堂上有紧密结合思维型教学理论的特点，并充分利用数字化技术创新，以及教学名师的策略和方法，发挥数字技术"纵向打通、横向协同"的媒介与工具优势，强化教师数字素养，提供学生个性化学习的舞台，激发学生的学习兴趣和积极性，最终高效培养学生的创新实践能力。探索数字技术赋能教学变革，创新师生思维发展课堂实践，以数字化为支撑的高质量教育体系。教育数字化转型是破解教育改革发展难题和促进教育高质量发展的重要抓手。

---

1 教育部 2022 年工作要点[EB/OL].（2022-02-23）[2024-05-21]. https://www.gov.cn/xinwen/2022-02/09/content_5672684.htm.

4.1　智慧校园

4.1.1　教学设施

校园作为教育活动的核心场所，包括教室、图书馆、实验室等，是教育教学得以顺利开展的前提保障，对其数字化升级和智能化改造将为高职院校教育教学提供更为便捷和高效的支持。依托 5G、物联网、云计算、"互联网+"、虚拟仿真等数字技术，配备智能白板、多屏系统、录播系统、集中控制系统等智能设备，对学习场所进行数字化改造与升级，把传统教室升级成智慧教室，把传统校园打造为数字校园。数字化技术的应用不仅提升了教室设施和硬件水平，也为学生提供了更加丰富的数字化学习体验，还为教学提供了更多可能性。

目前，智慧校园建设已然成为教育数字化转型的重点工作和教育领域数字化改革的重要内容，是高职院校现代化建设的必然要求。教育部数据显示，截至 2023 年年底，我国各级各类学校互联网接入率达到 100%，超过 3/4 的学校实现无线网络覆盖，99.5%的学校拥有多媒体教室。随着教育新基建的推进，校园网络基础设施的升级和优化也将成为数字化转型的重要基础条件。同时，加强校园网络工具、移动应用程序和社会参与平台的数字连接，将为学生提供更加丰富的学习资源和社会参与机会。这些举措将有助于提升教育教学的质量和效率，推动高职院校教育数字化转型取得更大成效。

各高职院校从软硬件等方面推进智慧校园建设的同时，也应充分考虑自身的实际状况和资源条件，制定相应的政策支持，提供必要的资金和资源保障，合理配置数字化教育资源和设备设施，根据自身特色，嵌入智能感知技术，构建智能交互教室、虚拟仿真实验室等教学环境，加强物理空间与虚拟空间的衔接融合，为师生提供质量更高、体验更好的教学服务；不断更新和升级设备，稳步推进校园基础设施建设。

4.1.2　教育治理

　　教育数字化的推进将为教育治理带来深刻的变革，从物理空间到数字空间的转变将重塑教育管理和服务模式。运用人工智能技术和数据治理，简化业务流程，建立数据汇聚共享机制，编制数据标准，实现"一数一源"，提升数据质量，实现各类信息系统间数据整合、清洗、转换和共享应用。通过深入实施数据治理工程，实现校内数据集中共享，打通信息孤岛，促进全量数据中心建设，开发以价值为导向的主题数据服务，为学校管理提供决策参考。建立全量数据库和数据交换平台，实现对学校基础数据、业务数据、历史数据与资源的集中存储、统一管理和交换，构建学校"领导驾驶舱"，实现更高层次的智慧校园。这种以数据治理为核心、数智技术为驱动的教育数字化在优化教育治理方面发挥着重要作用，通过全面梳理传统业务流程，建立完整的数据流程，并运用人工智能技术，可以简化业务流程、提升管理精细化和服务精准化水平。把数据治理作为核心，数智技术作为驱动力，将帮助教育管理实现向教育治理的系统性跃迁，提升决策科学化水平。

　　在教学治理方面，数字化资源扮演着重要角色，促进管理体系智慧化。建设"一体化教学平台""'数字孪生'校园平台"和校本数据中心，整合教、学、管理、资源库等环节，综合运用物联网、大数据、三维 GIS、BIM、虚拟现实等技术，建成"数字孪生"校园，努力实现教育管理服务的"绿色化、信息化、可视化、集中化、智能化"。如实现校区地块和建筑的智能化系统在 GIS、BIM 模型上的可视化展示，完成对智能化子系统的数据与管控功能对接，以及智能化场景的呈现；向下通过物联网、ROMA 实现子系统的接入管理，向上通过服务方式为应用提供数据与业务开放的访问接口，打造统一、开放、可灵活扩展的校园管理应用底座；业务上实现校园综合态势、综合安防、人员车辆管理、楼宇管理、能耗管理以及设备设施管理等智慧化应用。实现全流程全时数据采集监测，建立科学、多元的教学评价反馈机制。同时，在行政管理层面，基于大数据的教育治理分析可以支持科学决策，推动管理业务流程再造，提高管理服务效率。经过教育数字化的提升，学校可以更好地利用数据支持各项工作的高质量开展，赋能学校发展，提升管理水平和服务质量。这些举措将有助于实现教育管理向教育治理的转变，推动教育体系朝着更加科学、高效的方向发展。

4.1.3　数字安全

1. 数据隐私保护的刚性需求

在高职教育数字化转型的进程中，数据隐私保护已从技术议题升维为教育伦理的核心命题。师生个人信息、教学行为数据、科研成果等核心教育数据，既是智慧教育系统运行的血液，也是潜在风险集聚的载体。从虚拟仿真实训中的操作日志到科研项目中的技术参数，从课堂互动的情绪数据到职业能力评估的成长档案，每一条数据的泄露都可能引发连锁反应：轻则侵犯个体隐私，重则危及院校核心竞争力。这种数据的多维价值决定了隐私保护不再是可选项，而是维系教育数字化生态可持续发展的生命线。

在数据采集环节，智能感知设备的泛在化部署虽提升了教育数据的丰度，却也模糊了必要信息与冗余数据的边界，无差别采集模式下师生往往沦为"透明人"。存储环节中，集中式数据中心与分布式边缘节点并存的技术架构，使得加密标准难以统一，传统防火墙在面对新型网络攻击时屡现疲态。数据传输过程中的风险尤为隐蔽，教学平台与企业系统间的数据交互、虚拟实训中的实时流媒体传输，常因协议兼容性问题形成安全裂缝。数据使用阶段的风险更具复杂性，科研数据的二次开发、教学行为的分析建模，若缺乏权限控制与追踪机制，极易引发数据滥用。即便在数据销毁环节，简单的逻辑删除难以应对数据恢复技术的突破，物理销毁又面临成本与效率的权衡。这些技术脆弱性往往与制度盲区相互交织，多数院校的数据管理制度仍停留在原则性声明层面，缺乏细化的操作规范与问责机制，导致数据泄露事件频发却难溯其源。

高职院校可基于零信任架构的数据分类分级保护机制，首先通过数据价值密度与敏感度评估,建立教育数据的多维分类体系,将学生生物特征、科研成果核心技术参数等列为特级防护数据,实行物理隔离与安全加密;将课堂行为分析、能力评估模型等教学数据归为动态管控类,实施实时风险感知与访问控制;将公开课视频、教学大纲等非敏感信息纳入开放共享范畴。在此基础上,构建"永不信任,持续验证"的零信任安全模型,打破传统内外网边界,对每次数据访问请求进行多因子认证与环境感知,即使内部人员调取数据也需通过动态权限审批,将数据流动从"管道式传输"转变为"细胞膜渗透"模式——既允许养分(有效数据)的自由交换,又严格筛选有害物质(风险访问)。

2. 网络安全防护的技术革新

高职教育数字化转型的深化,使智慧校园、虚拟仿真实训等教育新基建成为支撑技术技能人才培养的核心载体,但随之而来的网络安全威胁正以更复杂的形态冲击着教育系统的稳定性。高级持续性威胁(APT攻击)、勒索病毒、数据篡改等网络攻击手段,已从传统的信息窃取升级为对教育生态的系统性破坏——攻击者可能通过入侵虚拟实训平台篡改操作指令,诱发教学事故;或利用物联网设备的漏洞劫持智慧教室系统,干扰正常教学秩序;更有甚者,通过勒索加密教研数据,胁迫院校支付赎金。面对威胁的隐蔽性与破坏性,高职院校的网络安全防护必须从被动防御转向动态对抗,通过技术革新构建适应教育场景的主动免疫体系。

虚实融合教学场景的普及,使得物联网设备的安全治理成为新的攻坚领域。智能黑板、可穿戴实训设备、环境感知传感器等终端设备,在提升教学沉浸感的同时,也因固件更新滞后、默认密码未修改、通信协议陈旧等问题,成为攻击者渗透教育内网的跳板。高职院校应加强设备身份认证机制,通过数字证书与生物特征绑定,杜绝非法设备的接入,建立覆盖设备全生命周期的安全评估体系,从采购环节的漏洞扫描、使用中的行为监控到报废时的数据擦除,形成闭环管理,避免"带病上岗"或"退役泄密"。此外,区块链技术的赋能则重构了访问控制逻辑,通过分布式账本记录设备身份、用户权限及操作轨迹，任何异常访问都会因无法通过多节点验证而被自动拒绝，这种"去中心化信任"机制尤其适用于跨校区、跨企业的教育数据共享场景，在开放中维系可控性。

网络安全防护的技术革新，既是护航教育数字化转型的盾牌，也是倒逼教育主体认知升级的催化剂。当动态防御体系消解了网络攻击的即时威胁，当可信环境消除了虚实融合教学的后顾之忧，高职教育方能真正释放数字化潜能，为技术技能人才的可持续发展筑牢安全基座。

3. 教育应急管理的韧性构建

智慧校园的深度互联使教学、管理、科研系统形成紧密耦合的"数字神经网络"，一处节点的故障可能引发链式反应，教务平台遭勒索病毒攻击将导致选课系统崩溃，虚拟仿真实训环境的数据篡改可能误导学生操作规范，科研数据库的泄露则可能使院校丧失技术竞争优势。这种系统性脆弱性不仅源于技术层面的漏洞，更折射出传统应急管理模式的滞后性——依赖事后响应的"灭火式"处置难以应对无边界、跨维度的数字化风险，唯有构建前瞻性、自适应性的韧性体系，才能在危机中维系教育系统的核心功能。

基于数字孪生技术的风险推演机制为应急预案的动态优化提供了科学引擎。高职院校通过构建与物理校园完全映射的虚拟镜像系统，教育管理者在数字空间中模拟各类极端场景进行压力测试，从分布式拒绝服务（DdoS，Distributed Denial of Service Attack）攻击引发的网络拥堵，到跨校区数据同步异常导致的资源错配，从虚拟现实实训设备的硬件失效到多云环境下的权限冲突，进而实现突破现实条件限制，精准识别系统脆弱点与连锁反应路径，风险推演结果驱动应急预案从"事件应对清单"升级为"关系网络图谱"，使应急响应策略能够根据实时数据动态调整权重，形成"预测-推演-迭代"的闭环优化机制。

韧性构建不仅需要技术赋能的"硬实力"，更依赖常态化机制与主体意识的"软支撑"。高职院校应定期开展的网络安全攻防演练，通过红蓝对抗、漏洞众测等方式，持续检验防御体系的实战效能。例如，在模拟勒索病毒入侵的演练中，技术团队需在断网环境下启用离线备份数据恢复教学业务，行政部门则要演练紧急通信与舆情管控流程。在压力场景中的协同训练，能够不断优化完善应急预案。师生安全意识的提升则是韧性体系的"最后一公里"，当教师能够识别钓鱼邮件中的陷阱，当学生养成实训后的数据清除习惯，当管理人员理解数据加密传输的必要性，整个教育系统便形成了"毛细血管"级的安全感知网络。

应急管理的韧性构建的过程本质上是教育系统与数字风险共同进化的过程。高职院校需要以"极限思维"重新审视数字化转型的底层逻辑，将应急管理从成本中心转化为价值创造环节。

4.2　教学资源

4.2.1　智慧教育平台

"互联网+"、大数据、人工智能、5G 等新一代技术对课堂教学产生深刻影响，智慧教育理念、技术策略、实践模式等不断得到创新与发展，智慧课堂是在"互联网+"背景下，将技术与教育相融合且对教育教学有着理念创新、实践革命的智能新产物。2022 年，教育部以"国家智慧教育公共服务平台"为抓手，全面推进教育数字化转型，提升数字教育资源服务与供给能力，加速一线教育教学模式转型。我国智慧课堂发展迎来新的契机。

国家智慧教育平台自 2022 年 3 月上线运行以来，已覆盖 51.9 万所学校，用户涵盖 1880 万名教师、2.93 亿名在校生及广大社会学习者，平台访问总量超 330 亿次，访客量超 22 亿人次。通过构建多方参与的数字资源供给生态，平台已汇聚基础教育阶段资源超 5 万条、职业阶段在线精品课程超 1 万门、高等教育阶段慕课超 2.7 万门。"共享"作为教育数字化的核心理念，在构建智慧教育平台和推动资源共建共享方面发挥着关键作用，依托国家职业教育智慧教育平台，以教育工具快捷获取提升教育效率，让教育者和受教育者均能随时随地获取教育资源、探索新的学科领域，不断促进优质资源的共建与共享，提供多元化、智能化、个性化的教育服务，为学生学习、教师教学、学习管理、教学研究和教育改革提供支持。智慧教育平台的建设不仅丰富了教育资源供给，还拓展数据价值和信息空间，把数据要素作用和信息价值效益充分发挥，形成统一的信息资源体系和数字学习生态系统，形成网络化的数字技术价值生态。目前，1 300多个职教专业教学资源库为广大师生和社会学习者提供"一站式"服务。

在高等职业教育领域，加强信息化基础设施建设对于数字化转型至关重要，包括课程中心、数据中心、用户中心和大模型平台等，借助大数据支持的资源供给模式，优化资源层次，构筑"一站式全景化"教学环境，打破线上和线下资源界限，提供多样化的数字资源，满足教师差异化教学和学生个性化学习需求。数字化平台建设涵盖数字课程资源、数字图书馆、智慧教室等方面，成为数字化教学的主要媒介，通过数字技术赋能，促进学生开展自主学习，提升学习效率。

教师在信息时代的角色也在不断演变，师资在网络上的共享将成为常态，数字教育空间将进一步深化，依托 MOOC、智慧树等网络教学平台，加强创新创业教育资源建设，实现课程资源开放共享，满足学生个性化培养需求。校企合作引入的行业师资也将为高职人才培养提供重要支持。通过共建共享和数字化转型，教育生态将更加开放、人本、平等和可持续发展，为教育事业注入新的活力。

4.2.2　数字资源建设与应用

数字资源建设与应用是教育数字化转型的根基，也是孕育育人生态的重要环节。《教育部等六部门关于推进教育新型基础设施建设构建高质量教育支撑体系的指导意见》指出，"加快推动数字资源的供给侧结构性改革，创新供给模式，提高供给质量[1]"。2022 年，我国教育部部长怀进鹏在二十

---

1 教育部等六部门关于推进教育新型基础设施建设构建高质量教育支撑体系的指导意见-[EB/OL].（2021-07-08）[2024-05-20]. https://www.gov.cn/zhengce/zhengceku/2021-07/22/content_5626544.htm.

国集团（G20）教育部部长会议上表示，"要促进优质数字资源共享共建，合力推进教育数字化转型和绿色转型"[1]。数字资源的建立对于教育数字化转型，推动教育高质量发展，具有重要作用。

在高职教育人才培养中，数字化资源的建设与应用是非常重要的一环。通过自建、共建和引进的方式，汇集大量优质课程资源，为学生提供多种形式的高质量数字学习资源，如教学视频、课件、动画、虚拟仿真、电子图书、试题等，实现教育资源的颗粒化供给。同时，打破了区域间、校企、校际的壁垒，建立了课程资源共建共享机制，与高职院校和行业企业共同开发标准化课程和示范性课程。这种合作模式通过高校间的优势互补和资源互用，缓解了供给不足的问题，降低了建设成本。此外，国家和企业都有大量的职业教育数字化课程资源，可以通过合理的途径引进和使用，最终，针对产业链特点，从而形成各领域全要素的优质实践教学资源。

在资源应用方面，教师可以通过自行编辑课程内容和拓展资源，丰富知识点，形成个性化课程，促进因材施教，确保教学效果。数字资源为学生提供了海量学习资源，并支持多种学习模式，帮助教师更好地准备和开展相关课程，系统地传授相关知识。教师可以根据自己的教学目标和学生的需求，在课件的基础上进行适度的修改和调整，以满足不同层次和领域的教学需求。教学资源还可以促进知识的共享和交流，推动可持续发展教育的广泛传播和深入发展。

数字资源以电子数据的形式表现信息内容，让教师和学生可以突破时间、空间、设备等限制，获得高质量的课程资源。丰富的数字资源有助于学生开阔眼界、拓宽思维，形成终身学习和自主学习的良好氛围。数字资源的表现力、共享性、互动性和可再创性，有助于推动职业教育发展的现代化。通过顶层设计和深入调研，建立明确的建设原则和路径，提升教师数字资源能力，优化数字化课程资源，最大程度利用现有资源，形成优质

1　二十国集团教育部部长会议举行[EB/OL].（2022-09-01）[2024-05-25]. http://www. moe.gov.cn/jyb_xwfb/gzdt_gzdt/moe_1485/202209/t20220901_657245.html.

的教学资源，推动现代职业教育的发展。

4.2.3　新形态教材开发

《全国大中小学教材建设规划（2019—2022 年）》中提出：适应国家发展战略需求的相关学科紧缺教材，适应信息技术与教育教学深度融合的需要，满足互联网时代学习特性需求，建设信息技术与教育教学深度融合、多种介质综合运用、表现力丰富的高等学校新形态教材[1]。《"十四五"职业教育规划教材建设实施方案》中提出：结合专业教学改革实际，分批次组织院校和行业企业、教科研机构、出版单位等联合开发不少于 1000 种深入浅出、图文并茂、形式多样的活页式、工作手册式等新形态教材，建设一批编排方式科学、配套资源丰富、呈现形式灵活、信息技术应用适当的融媒体教材[2]。在这种背景下，根据高职教育的特点，按照新的教育理念、教育技术和教育需求，改革和创新教材的内容、结构和形式，旨在提高教材的实用性、及时性和灵活性。

（1）实用性。在职业教育本科课程中，制订教材编写规划和标准至关重要，以系统性的方式开发和建设教材，确保与高职教育人才培养课程体系相契合，意味着创建一系列教材，紧密关联产业发展和专业领域，提供与实际工作场景相符的专业知识和理论框架。教材设计应采用任务驱动、案例分析、实例演示和项目实施等形式，以确保教学内容与实际工作场景高度一致，促使理论知识与实际操作有机结合。

（2）及时性。紧跟时代步伐，教材需要及时融入新知识和新技术，以提高科技含量和时代感。同时，配套的教学资源也需要及时更新，以实现网络数字资源与纸质教材的有机结合，形成多渠道教材资源的有效供给。

---

1 全国大中小学教材建设规划（2019—2022 年）[EB/OL].（2020-01-15）[2024-05-25]. http://www.moe.gov.cn/jyb_xwfb/xw_zt/moe_357/jyzt_2020n/2020_zt04/baodao/202004/t20200409_441835.html.

2 教育部办公厅关于印发《"十四五"职业教育规划教材建设实施方案》的通知[EB/OL].（2021-12-03）[2024-05-27]. https://www.gov.cn/zhengce/zhengceku/2021-12/08/content_5659302.htm.

现代教育技术如虚拟现实（VR）、增强现实（AR）和在线学习平台应得到充分利用，结合弹性混合式教学方式，构建生动、互动的教学环境，以提高教学效率和学生的学习体验。

（3）灵活性。教材应基于产业领域中职业群和岗位群工作中的常规性项目和任务，设计模块化的学习单元，并提供相应的复习巩固练习，形成完整的项目、任务导向的教材编写模式。考虑到学生的个性化需求，允许学生根据自身进度和时间安排，灵活选择学习内容。这种教学方式为不同特点和兴趣的学生提供定制化的学习资源和多样化的学习路径，以满足个体差异和促进学生的学习效果。

4.3 智慧课堂

4.3.1 现代教育技术

现代教育技术在当代教育活动中扮演着至关重要的角色，涵盖所有教育活动的技术手段和方法，强调了教育理念和观念的变革，并将新技术应用于教育实践，是推动教育数字化转型的重要资源和助手。现代教育技术的集成应用是高职教育数字化转型的重要支撑。高职教育以 5G 校园融合专网建设为基础，结合边缘计算、云计算、大数据等新一代信息技术，全面服务于互动教学、知识推荐、沉浸式教学等核心应用场景，展现出数据革命的全新形态，逐渐形成以数据为基础的决策新格局。现代教育技术的集成应用价值得到充分发挥，从单一应用转向集中赋能，构建多元化的智慧教育服务体系，实现高等职业教育全流程、全时段的协同整合。

1. "5G+互联网"驱动教育资源互联和教育效果提升

5G 和互联网技术在教育领域的应用为教育数字化转型提供了基础条件。通过 5G+互联网，实现低延时访问和数字资源支持，促进了网络学习空间的构建、智慧校园的实现以及联合教学的展开。进一步连接了人与人、人与物、学生与教师，实现了不同地区、不同学校之间的数据交换和教育资源共享，打破了知识传授的单一场景，为多模态的交互学习环境创造了机会，为远程教学、全息教学、智慧课堂、智能考试等提供了可能，通过在线课程、互联网论坛和云端资源共享等方式，师生可以灵活地选择学习途径，获得全新的互动体验，推动教育的创新和发展。这种连接性和共享性为教育带来了更多可能性，打破了时间和空间的限制，促进了自主学习和协同学习的实现。

2. 虚拟现实技术革新传统教育场所空间

复杂或危险的实训不仅受场地限制，而且需要严格的安全措施，这不仅限制了学生亲自操作的机会，而且也增加了教学的时间和成本。虚拟仿真技术如三维建模和可视化、虚拟现实（VR）、增强现实（AR）等在高职教育实训教学中的应用，为解决复杂或危险实训环境所带来的限制提供了新的解决方案。虚拟仿真技术通过模拟实物或创造虚拟环境，如模拟历史情境、生产场景或科学实验，为学生提供了安全、互动性强的全新学习环境，帮助他们理解复杂知识点，激发学习兴趣，提高实践能力。虚拟教育空间的出现也促进现实空间与虚拟空间的交互融合，通过创建人、物、环境等数字孪生体，重构传统知识呈现方式，进而构建临场式、沉浸式、交互式的全新教育环境，为教育带来了全新的可能性，丰富了教育空间的理解。

虚拟现实技术的应用不仅降低教育成本，提高教学效率，还强化教育的时间性、安全性和经济性，通过数据分析和数据挖掘，教育决策可以更加可信，帮助教育机构更好地了解学生需求和教学效果，进而优化教学过程。

3. "大数据＋人工智能"赋能教育模式创新

2022年，ChatGPT席卷全球，诸多行业发生转变。在此趋势下，未来教育将呈现出数据驱动、人机共育的新样态。大数据和人工智能在教育领域的应用确实具有巨大的潜力，可以引发教育模式、教学方式、教学内容、评价方式、教育治理等方面的变革和创新。通过数据采集、清洗和分析，结合应用场景建立数据模型，可以助力智慧课堂建设，推动教育生态的演化，驱动教育模式创新，增强教学环境的智能化服务水平。

　　教学评价方面，人工智能技术在改变教和学体验的同时，也加速推进大规模个性化学习，为自适应学习提供支持和便利。人工智能收集和整合各种学习者的模型信息，包括认知风格、知识水平、学习速度等，通过深度学习，构建自适应学习路径模型，根据学习者的特征和学习行为，为其推荐最合适的学习资源和活动序列，提高学习效率和学习成果。

　　教育治理方面，人工智能通过数据积累能让管理服务更智慧、教育决策更科学、资源配置更精准，提升教育现代化治理能力。人工智能基于数据分析和智能化评估学生的出勤率、听课率、学习进度等教育数据，通过科学建模和智能分析，全面准确地获得学生的学习情况，提供个性化内容，辅助教师制订更加科学有效的教学计划，帮助教师生成教学内容，开展分级评估，提高学生课堂参与度，进而提升教学质量。新兴技术能够为高等教育创新发展带来新的机遇，教学实践往往是高等教育最有潜力的变革驱动力。

　　技术创新的另一重要表现是基于大数据技术的精准教学。以课堂大数据为依托，形成数据的采集、筛选、挖掘，为智慧决策提供数据模型，从而准确把握学习者的个性化需求，建立智能化评测体系，智能诊断出问题所在，有针对性地调整教学内容，改进教学方法和策略，实现精准施教。

4. 知识图谱技术升级教学资源和教育活动

　　知识图谱作为一种语义网络，用来建立和展示各种实体关联，在教育领域的应用可以带来许多好处。利用人工智能技术构建知识图谱，通过数据采集、融合加工、关系匹配等，可以实现智能化知识挖掘，展现知识体系结构和多维关系，方便知识的快速迭代和灵活应用。在教学资源库建设中，将知识图谱与教学资源相关联，可以规范资源颗粒度，实现智能评分，减少教师上传资源的差异度，提升教学资源的质量和效率。

　　应用知识图谱于课程教学中，课程会具备自身的图谱形象，清晰显示在专业课程体系中的位置与作用，帮助学生更直观地了解知识体系的层次结构，明确学习目标和路径。通过引入知识图谱，可以勾画出学习者的学习路径和知识缺陷，实现个性化分析和指导，帮助学生更好地理解知识点在整个专业知识体系中的位置和价值。利用课堂录播、教学课件和学生视频等数字源，结合 AI 智能剪辑和知识切片技术，可以将教学内容进行精细化分析和处理，形成相应的教学知识片段，再根据教学设计进行标签化处理或重构，形成新的教学知识点，供教师在教学中使用。这种个性化的教学知识点可以根据相关主题或专题设计成微课，通过系列微课的组合，进一步形成体系化的课程内容，帮助学生更好地掌握知识。

结合数字技术与教育教学深度融合的发展趋势，不断探索新课程、新教学、新评价、新空间、新治理等，充分利用数字技术赋能课程教学，形成数字技术支持的教育发展新生态。这将推动教育教学向更智能化、个性化、高效化的方向发展，为教育培训领域带来更多创新和可能性。

4.3.2　构建与应用

在教育领域里，数字化转型正以前所未有的速度和深度改变教育方式、方法和环境，数字技术打破了人们对教育空间的传统认知，借助数字技术，学生能使用自己的终端参与教学活动，传统教育活动的场所与空间的概念，被智慧化、智能化的数字时代技术逐渐淡化。数据、数字技术和数字空间作为基本的生产要素和行动对象，不仅重塑了教育活动的面貌，更将教育活动的边界从物理空间延伸至无限广阔的数字空间，深刻地影响了教、学、考、管、测、评等各个教学环节，催生了智慧课堂这一新兴教育模式，成为推动数字技术与教育深度融合的重要力量。

智慧课堂将信息技术与教学课堂有机融合，是智慧教育将技术与教育结合的焦点转移到教师的"教"和学生的"学"的过程中的必然产物，具有灵活、及时、交互等特点。

智慧课堂的构建是一个系统工程，需要高职院校从多个方面入手，综合运用教学平台建设、数字界面优化、师生交互逻辑构建等多种手段，打造适应"认知—训练—生产"的未来教育场景集。

1. 教学平台的建设与优化

教学平台是智慧课堂的核心基础设施，承载着教学活动的各个环节和流程。高职院校应积极引进先进的数字化教学平台，并结合自身实际情况进行定制化和优化。这些平台应具备强大的功能性和易用性，能够支持多种教学资源和工具的整合与共享，为教师和学生提供便捷、高效的教学和学习体验。同时，平台还应具备高度的安全性和稳定性，确保教学数据的安全传输和存储。

2. 数字界面的设计与优化

数字界面是用户与数字设备交互的桥梁和窗口，其设计质量直接影响用户的使用体验和满意度。在智慧课堂的构建过程中，高职院校应注重数字界面的设计与优化工作。基于简洁明了的布局、直观易懂的图标和色彩搭配以及流畅自然的交互逻辑设计，提升数字界面的友好性和易用性，还应充分考虑不同用户的使用习惯和需求差异，提供个性化的界面定制服务，以满足不同用户的需求。

3. 师生交互逻辑的构建与完善

师生交互是教学活动中不可或缺的重要环节之一。在智慧课堂中，师生交互的及时性和有效性对于提高教学效果和质量具有重要意义。因此，高职院校应注重师生交互逻辑的构建与完善工作。通过建立实时互动机制，设置多样化的交互方式，如在线问答、小组讨论、实时投票等，提供便捷的资源共享和协作工具等手段，促进师生之间的深度互动和合作，提升学生的学习积极性和参与度。

智慧教育的理念与数字技术的应用正在教育领域引领一场变革。教育工作者应积极探索数字化教学的创新途径，结合数字技术和智能设备，不同专业的教学可以找到解决教育难题的突破口，丰富智慧课堂的形式和内容。在智慧教育的框架下，高职教育正在逐步整合虚拟空间，使教学活动与实体空间更加多元、广泛、丰富、互动，教师结合教学实践，充分利用智能化平台，打造情境化的教学环境，提升教学效率。

5 势在必行
——教学改革

　　自党的十八大以来，我国积极出台多项政策，旨在加快教育数字化进程，为这一转型提供了强有力的推动。2018 年，习近平总书记在全国教育大会上深入探讨了教育现代化的重大理论和实践问题，发出了加快教育现代化的号召[1]。2019 年，国务院发布的《中国教育现代化 2035》进一步明确了到 2035 年总体实现教育现代化，将我国建设成为学习大国、人力资源强国和人才强国的宏伟目标[2]。而党的二十大报告更是首次将教育、科技、人才进行"三位一体"的统筹安排和部署，并首次将"推进教育数字化"写入报告，赋予了教育在全面建设社会主义现代化国家中的新使命，明确了教育数字化未来发展的行动纲领和重要使命。

　　教育数字化转型已成为未来教育改革与发展的大趋势，同时，它又与新质生产力的提出和确立紧密相连，共同为我国建设教育强国、科技强国、人才强国指明了方向。新质生产力，作为数字时代更具融合性、更体现新内涵的生产力，是科技创新在其中发挥主导作用的生产力，具有高效能、高质量的特点，摆脱了传统增长路径，符合高质量发展要求，是国家治理

1 习近平在全国教育大会上强调 坚持中国特色社会主义教育发展道路 培养德智体美劳全面发展的社会主义建设者和接班人[EB/OL].（2018-09-10）[2024-06-03]. https://news.cnr.cn/native/gd/20180910/t20180910_524356347.shtml.
2 中共中央、国务院. 中国教育现代化 2035[EB/OL].（2019-02-23）[2024-06-03]. https://www.gov.cn/xinwen/2019-02/23/content_5367987.htm.

能力现代化的重要驱动力。新质生产力的确立，不仅意味着以科技创新推动产业创新，更体现了以产业升级构筑竞争优势、赢得发展的主动权，成为一段时期内我国产业高质量发展的根本遵循。

而职业教育在这一过程中扮演着举足轻重的角色。作为人才培养的主渠道，职业教育肩负着为新质生产力前瞻性培养"新质技术技能人才"的重任。职业院校需要深刻理解新质生产力的内涵特征，准确把握其带来的机遇和挑战，积极推进适应"新质技术技能人才"培养的高质量发展改革。这不仅是为了满足新质生产力对人才的需求，更是为了推动职业教育与新质生产力同频共振、和谐共生，共同为我国的社会经济发展贡献力量。

5.1　课程改革

在新一轮产业升级的背景下，数字赋能正逐渐成为各行各业发展的重要驱动力。高职院校作为培养技术技能人才的重要基地，其课程体系的建设与改革显得尤为重要。当前，传统的高职院校课程体系和教学方法已无法满足数字时代对人才培养的需求，存在一些问题，如目标不明确、内容陈旧、课程间缺乏联系等，这些问题制约了高职院校的教学质量和人才培养效果。面对"十四五"规划对学生全面发展的强调，以及教育数字化转型对基础设施和"教与学"模式的深刻变革，因此，在数字化转型的助推下，新一轮高职院校教学改革以企业生产为导向与课程教学深度融合为突破口，推进数字化赋能教学质量提升，构建具有本校特色的课程体系，成为高职教育改革的当务之急。

5.1.1　构建逻辑

课程体系是专业内不同课程的有序排列，是教学内容及进程的总和，对于学生通过学习建立的专业知识结构具有决定性作用。在构建课程体系时，岗位需求是高职院校课程开发与设置的依据，也是课堂教学与实习实训的培养目标，以岗位需求为依据，明确产业技术发展趋势和对人才的需求状况，基于专业定位拟定人才培养目标，再在培养目标的指导下设计课程体系。

为明确课程体系构建的目标，高职院校需要深化与行业企业的对接，制订具体的实施方案。通过学校、社会组织、企业组织等相关主体的合作，明确产业技术发展趋势和对人才的需求状况，基于专业定位拟定人才培养目标。再在培养目标的指导下设计课程体系，深化各课程模块设计，确保课程体系与岗位需求紧密相连。同时，高职院校还需要明晰课程体系的目标指向、结构功能、内容开发和实施评价。为此，可以成立由课程专家、名师等教学研究人员组成的专业委员会，分析课程体系的设计原则、学分比例以及课程内容与毕业能力要求的契合度。这样的机制有助于破解"各自为政""千校一面"的发展格局，引导和助力高职院校开创多元、个性和特色发展的课程变革新局面。

在课程体系建构的过程中，需要引导教师形成理念共识，并落实课程体系化变革行动，共同支持和推进课程体系建设。教师需要共同支持和推进课程体系建设，以完善学习方式为特征，以现代信息技术为标志，关注学生学习经历和促进每一位学生发展的课程体系。基于本校实际，高职院校可以开展具有自身特色的课程体系建设实践。以培养学生的岗位能力和创新实践为导向，通过专业群聚合和资源统整共享，面向企业数字化转型探索多层次跨学科课程建设的系统化构建策略。通过课程建设将割裂的、分散运作的、互不协同的课程主体、课程结构、课程要素和课程资源等"黏合"起来，形成强大的课程体系。在这个过程中，信息技术应用应贯穿于整个教学之中，以培养学生的系统分析能力为目标，让学生具备对复杂工程的分析解决能力。

此外，要重视课程体系整体架构的调整，不断提升课程要素之间的结构化水平。通过系统联动课程结构优化调整，逐步实现课程体系化变革，以使课程结构更具科学性和逻辑性，更好地契合人才培养目标。这要求高职院校在课程体系构建过程中注重教学内容的衔接性，确保各门课程之间能够相互支撑、形成合力，通过一系列有效的机制与策略来撬动课程体系化变革。

5.1.2　课程体系

高职教育要实现稳步发展，在数字化转型中担当其历史使命，培养产业转型升级所需的高素质复合型技术技能人才，构建一套结构合理、特色鲜明的课程体系是关键。为了满足职业岗位对知识、能力、素质的需求，课程体系设计需要适应新技术和产业变革，根据专业人才培养定位和规格，对教学内容进行重构优化，形成相对独立、有效衔接、层次递进、理实结合、产教融合的课程体系。

1. 学科交叉融合

在高职院校中构建跨学科系统课程体系，是一个复杂而至关重要的过程，旨在培养学生综合素养、创新能力和适应未来职业发展的能力。数字经济背景下，高等职业教育将培养复合型技术技能型人才作为根本目标，多学科"交叉融合"已经成为课程建设的重要特征。数字技术与专业越来越密不可分，例如如云计算既涉及计算机和通信网络软硬件技术、市场营销与大数据，机械工艺技术与决策优化需要同时考虑，土木工程施工技术与施工组织优化的密切联系，等等。

高职院校应以专业群为核心，引领跨学科课程的开发，同时促进不同专业间的资源共享与互补，强调课程体系的整体性、系统性和连贯性，确保各门课程之间相互衔接、相辅相成。为了实现这一目标，高职院校立足专业群，紧跟产业技术发展，积极培养学生具备适应行业要求的职业能力，并因势利导，加强对各专业群课程体系的跟踪指导，尤其注重互动式诊断和定期回访，为学校及教师提供更具针对性的长效改进建议。

在课程体系建设模式上，高职院校按照"基础课程、拓展课程和特色课程"三大课程模块进行构建，同时涵盖学科课程、活动课程、探究课程和职业课程等四大课程形态，全面推进本校课程建设。秉持专业引领和统整共享等理念，探索学校课程建设的区域性支撑策略，并在课程开发、实施与评价等全过程进行积极的个性化探索与创新，形成学校课程建设的跨学科操作策略。

在课程设置上，高职院校可根据实际需求将课程分为四个层次，包括人文社会科学类通识教育课程、数学与自然科学类课程、工程基础类课程、专业基础类课程与专业类课程以及工程实践与毕业设计。每个层次的课程都占有一定的学分比例，以确保学生获得全面而均衡的教育。对于不同类型的课程，高职院校也有明确的教学重点，如通识教育课程注重提高学习效率和课外实践，数学与自然科学类课程强调培养学生的思维能力和方法论教学，而工程基础类课程、专业基础类课程与专业类课程则更注重应用实践和创造，让学生所学即所用。

通过各模块课程的系统学习，学生能够从问题入手，整合知识进行综合性创新实践，提高解决复杂问题的能力。同时，通识类课程拓宽讲授的广度，工程实践和毕业设计类课程注重企业实际项目与职业能力的培养。高职院校通过精准把握学校办学特点、承担使命和教学资源，分析提炼或优化重构本校的办学理念和培养目标，并以此规划设计课程体系建设的基本理念、主要思路和具体任务、保障条件等，构建形成一套完整的课程体系"蓝图"。

在整体推进课程体系建设的过程中，高职院校还应根据学情变化、外部环境更迭等多种原因进行优化与调整规划设计，以有效服务学生的个性化需求，使课程建设能够与产业链、创新链有效衔接。通过结构性优化和系统性调整，改变校本课程"零敲碎打"的状况，形成与企业岗位需求有效配合、满足学生个性发展的课程体系，实现学校课程的系统化变革。最终目标是促进课程结构的优化调整并与学校培养目标更具衔接性，使课程结构更科学、课程内容更丰富，让学生能够更加精准而充分地汲取发展所需的课程养分。

2. 以生产为导向

近年来，随着高职院校的校企合作程度的不断深入和模式的持续发展，高职院校应聚焦区域经济发展，精准对接产业行业，构建彰显产业特色的课程体系，推动课程由"知识导向"向"生产导向"转变，拉近课程建设与生产实践的距离。

为了实现这一目标，高职院校需要对接产业链和创新链，融合区域经济需求。通过实现课程设置和教学内容与专业任职岗位能力接轨，更好地把基础理论、专业知识和岗位应用相结合。这不仅能够大大提升学生的职业素养和实践能力，还能让学生在校期间掌握一定的职业能力，缩短毕业生适应工作岗位的时间，从而缩减企业的员工培训成本。

同时，高职院校还需要应对社会和企业的需求变化，紧跟行业技术发展方向。在教学内容中及时融入新技术、新方法，以适应数字化转型的发展趋势。这要求高职院校教师不断更新教学理念和方法，提升自身的数字化素养和教学能力，以更好地满足学生和社会的需求。把生产导向作为课程体系改革的首要关注点。

3. 以学生为中心

以学生为中心开展课程体系建设，其核心目标在于提升学生的综合素养、实践能力和创新能力。高职院校不仅应充分考虑学生作为教育服务对象的特征，还应关注他们的知识基础、接收能力和预期目标，确保每个学生都能在教育过程中得到充分发展。

围绕学生培养，高职院校要坚持"以学生为中心"的理念，循序渐进、重基础、强应用的思路，精心构建贴合学生的课程体系。这一体系不仅要注重学生在不同学年能够实现从基础知识到专业应用、再到实践创新的有序进阶，也强调知识的系统性和应用的实践性，使学生能够逐步建立起扎实的专业基础，培养出解决实际问题的能力。新质生产力作为创新起主导作用，摆脱了传统经济增长方式，具有高科技、高效能、高质量特征的先进生产力形态，为教育体系的改革和发展提供了新的动力和方向。在课程体系建设中，注重引入前沿科技，如信息技术、人工智能、大数据等，通过智能教学系统、在线教育平台、虚拟实验室等新型教育模式，为学生提供更加丰富、多元的学习资源和学习方式，不仅能激发学生的学习兴趣和积极性，还提高了教学效率和效果，推动了院校教育模式的创新与发展。

高职院校可以通过精准对接产业行业服务面向，将产业行业背景、知识结构、组织模式等引入课程，使学生在学习过程中能够深入体验知识的价值实现，并有效检验知识的正确性和效率。围绕知识能力结合点，实现课程"项目化"，深入参照产业行业真实生产的"项目"，将这些项目所需要的关键知识和能力反映在课程体系和教学内容中，通过这样的方式，建立起知识能力结构化模块，使学生能够在掌握理论知识的同时，也具备解决实际问题的能力。对于实践性较强的课程，应注重在理论课程阶段设置短时实践，并在理论课程结束后开设一周以上的实践课程，以企业或行业提供的真实项目为背景，进行深化或实操作为整个课程体系的总结训练，帮助学生更好地理解和掌握所学知识，也为他们未来的职业发展打下坚实的基础。

此外，高职院校还应深化产教融合，助推课程"协同化"，以产业行业知识的运用及产业行业亟须解决的问题作为学习和探索的对象，使课程的实施者能够突破传统大学的边界，引入包含产业行业的多课程主体。坚持产业面向、技术路线、产业行业信息化等方面的改造同步实施，确保协同主体与院校专业特色及重点一致。借助产教融合的平台，实现行业企业真实项目与课程内容的对接，从而增强学生的实践能力和对产业行业的适应能力。

4. 结构优化

在数字化转型的大背景下，高职学院课程体系的结构优化直接反映了人才培养的课程组合形式，并须面向行业企业，通过系统建设、项目打造、协同推进等手段建立结构化的课程体系。这一体系不仅关乎学生知识结构的合理性，还直接影响到人才培养的质量和水平。

课程结构是指课程内部各要素按照一定的规律集合的形式，是达成人才培养目标的重要载体，也是开展课程实施活动的重要依据。课程结构作为人才培养的基石，其设计需紧密围绕职业能力的培养这一主线。这意味着，在构建课程体系时，要加强各要素之间的内在联系和衔接，使之形成系统的、完整的行动方案，以达成课程目标。同时，课程设置还需结合培养目标和现实需求，进行长远、系统的规划，同时保持动态性，以满足人才多层面、多维度的发展规律。

为了更好地对接教育链与产业链，高职学院在搭建课程结构时，应充分考虑政、校、企多方主体的深度合作，需要专业课程和公共课程、理论课程和实践课程、必修课和选修课的有效组合，而不再仅仅以岗位培训的方式来进行课程设置和时间分配。深度的合作与组合，可以致力于提升学生的整体素质和技能掌握程度，促进形成产教良性互动的课程体系构建新格局。

在课程体系的具体构建过程中，课程开发和建设是最重要、最基本的环节。高职学院需要避免传统的任务分析法可能带来的"碎片化"工作程序，应树立"整体任务和综合能力系统分析"的主观意识，把工作系统作为一个完整的系统模块来分析，结合时代对该专业高层次新型技术技能人才的具体要求，运用现代信息技术开发出适合的课程。

同时，构建高职教育课程体系时，还需遵循系统性原则。关注课程之间横向和纵向的差异和衔接，如和中职、专科高职的衔接，和普通本科教育的差异。同时，也要从宏观、中观、微观三个层面实现对课程目标分解的合理性和融通性。例如，从宏观上注重政、校、企等的协同合作；从中观上根据个体能力全面发展的规律进行教育资源的优化配置；从微观上根据本科年龄阶段学生身心发展和学习规律来设计人才培养模式。

5. 课程体系的持续改进

数字化转型不仅是对技术应用的简单叠加，更是对教育理念、教学模式、人才培养方式等深层次的变革。数字化转型要求高职学院在课程体系中融入更多前沿科技元素，如人工智能、大数据、云计算等，以培养学生的数字素养和创新能力，满足未来社会对高素质技术技能人才的需求。同时，课程体系和教学内容，将学生和用人单位的满意度作为评价的重要参考依据。

高职院校要明确持续改进的目标与原则，始终以学生为中心，在面向行业企业培养人才的同时，紧跟行业趋势，建立常态化的评估与反馈机制，实施专门的教学管理制度，构建切实可行的反馈机制，通过定期评估、多元化反馈以及数据驱动决策，全面了解课程体系的运行状况，及时发现并解决存在的问题，促进课程体系不断更新，保证专业人才培养质量的不断提升。在评估与反馈的基础上，进一步优化课程设置与教学内容，动态调整课程结构，删除过时内容，增加前沿科技元素，以确保课程内容与市场需求保持同步。

课程体系的持续改进也离不开师资队伍的建设。高职院校需要加大教师的培训力度，提升其数字化教学能力和素养，并鼓励教师积极尝试和应用新的教学技术和方法。比如，某高职学院定期组织教师进行数字化教学技能培训，并鼓励他们在课堂中应用新的教学技术，如使用智能教学工具进行课堂互动等。同时，组建跨学科、跨领域的教学团队，共同开展教学研究和改革实践，也是提升课程质量的重要途径。

5.1.3　教学内容

高职课程体系按照一定的原则，以专业为基本单位，遵循学科性和逻辑性原则，经过精心选择和组织，形成的供传授的整体，共同构成了科学合理的课程体系。课程设置和教学内容是人才培养质量和水平的关键因素，其构建的原则涵盖了教育本位、社会需求导向、技术定位、学校特色、个性化发展以及课程体系系统性等多个方面。

在新经济背景下，教学内容设计需要紧跟区域和行业发展，充分利用数字赋能和学科专业交叉融合，着力推进教学内容更新。高职院校需要注重不同课程之间的横向差异性和纵向顺序性，以及课程之间的融合对接。对具备职业需求的技术技能有更具象的要求，课程更体现职业的原理性知识特征，培养路径更体现职业活动的指向性，构成了"产业—岗位—培养目标—课程体系—教学内容—教育活动"的"职业性"逻辑体系。

专业课程设计主要以模块化课程形式进行，通过跨学科课程的模块化整合，让学生了解不同学科的知识、技能和思维方式。产业课程子体系是学生产业知识体系认知、产业发展理论架构形成的关键环节。课程体系设计应关注产业发展对应的知识理论要求，具有明确的产业、职业针对性。

根据专业所属产业的发展实际以及专业知识理论涉及的学科体系和架构，我们适当增加课程设置的广度和深度，为培养学生的技术技能综合运用能力及研发创新能力打下扎实的基础。专业课程子体系可分为专业基础课、专业核心课程和专业选修课程，以满足学生不同的学习需求和发展方向。

实训课程是课程体系的重要组成部分，目的在于让学生能够更好地理解和领悟所学知识理论，掌握专业技术技能的操作、应用、研发与创新能力。实训课程以企业的实际工作项目和任务为背景，通过一门或多门课程的训练和实践，学生不仅能够复现专业技术技能操作流程，还具备技术技能灵活应用及革新、创新能力。

通识课程包括人文艺术课程、思想修养课程和体育健康课程三个组成部分，旨在培养职业教育学生所应具备的良好文化素质、世界观、价值观和人生观，以及强健的体魄和身心素质。入学教育课程、军事训练课程以及夏季实践课程等也有助于学生快速适应大学生活，形成基本职业素养，并了解和体验专业技术技能的应用实践情况。

专业基础课程：深入分析、分解并整合了专业所对应的职业群和岗位群所涉及的基本知识和理论，不仅涵盖了专业核心内容的提炼，还注重与相应学科的知识体系和理论框架进行有效对接，确保课程内容的系统性和科学性。通过整合与优化，形成 2~3 门具有鲜明专业特色的人才培养课程体系的专业基础课程模块，为学生后续的专业学习和职业发展奠定坚实的基础。

专业核心课程：聚焦于专业领域的核心知识、理论和职业能力。深化学生对专业本质的理解和掌握，提升其在实际工作岗位上的核心竞争力。需要涵盖专业领域内最为关键和前沿的知识体系，通过系统的教学和实践训练，使学生能够熟练掌握专业核心技能，为未来的职业生涯做好充分准备。

专业选修课程：为学生提供了更加灵活和个性化的学习选择。学生可以根据自己的专业知识能力要求、个人兴趣所在以及职业期望等因素，进行课程模块的选择性学习，以达到一定的选修学分要求。这些选修课程紧密围绕产业发展和职业领域的最新关注热点，深入分析新技术、新技能应用所需的知识理论，并进行有效地分解和整合。

实训课的核心目的在于让学生能够更好地理解和领悟所学知识理论，掌握专业技术技能的操作、应用、研发与创新能力。实训课程应该以企业的实际工作项目和任务为背景，根据岗位技术技能的实践特征和操作训练重点进行相应的分解、整合与归并，形成更具实施性的技术技能训练模块。学生不仅能够复现专业技术技能的操作流程，还具备技术技能灵活应用及革新、创新的能力。实训过程中，教师会进行操作示范，学生则按照一定的操作规程实现相应知识理论、技术技能的复现和验证。通过重复操作训练，学生不仅能够对行业、产业中相关的基础知识理论和技术技能有感性的认知和体验，而且能够独立完成专业核心技术技能的操作，从而加深对专业核心技术技能的认识和体悟。为了进一步提高实训的成效，可以结合1+X证书制度，开设针对性强化训练课程。学生通过获得相关证书，可以进一步激发对技术技能学习和训练的积极性和主动性，从而提升技术技能的训练效果。在实践中，综合实训应从企业和岗位的实际工作项目、任务出发，以专业方向所涉及的关键技术技能为依托，设计具有一定难度和挑战度的技术技能课程。这样的课程设计旨在突出学生在专业方向领域技术技能实践操作的高水平、专业性特征，同时关注学生专业技术技能训练的广度。

通识课程是包括人文艺术课程、思想修养课程和体育健康课程三个组成部分。人文艺术课程旨在培养职业教育学生所应具备的良好文化素质；思想修养课程则主要关注学生世界观、价值观和人生观的塑造，体现职业教育本科立德树人的人才培养目标；体育健康课程则是大学生强健体魄、身心素质提升的重要课程，涉及心理健康、健康管理、体育等课程。

此外，还有一些特殊的通识课程，如入学教育课程，这是学生在大学学习开始前所开设的课程，旨在让学生快速熟悉大学的学习、生活环境，顺利完成从高中到大学的角色转换。军事训练课程则有助于学生团队合作能力、心理承受能力、执行能力等基本职业素养的形成。夏季实践课程主要是指学生利用暑假进行的专业实践、实习、调研等课程，它能够让学生进入真实的工作环境中了解和体验专业技术技能的应用实践情况，从而在提升专业技术技能培养成效的同时促进学生职业素质的形成。

公共基础课、专业基础课、专业核心课程和专业选修课的有机结合，为学生提供从基础到专业、由浅入深、逐步深入的知识体系。实践课程与理论课程紧密呼应对接，构成了理实一体化的职业教育人才培养课程体系，明确了高素质复合型技术技能型人才培养与社会经济发展相适应的特征。不仅注重学生的专业知识和技能培养，还强调学生的实际应用能力和科研创新能力，能为社会经济发展提供有力的人才支持。

5.2 教学创新

在数字化转型的浪潮中，高职教育改革迎来了前所未有的机遇与挑战。数字赋能课程教学改革，其核心在于促进数字技术与学校课程、教学、评价、空间以及队伍建设等关键要素的深度融合，旨在不断探索并实践数字环境下的新课程体系、新教学模式、新评价体系、新学习空间以及新治理结构，从而构建一个由数字技术全面支撑的教育发展新生态。在这一转型过程中，尤为重要的是要为学校的特色建设、教师的自主发展以及学生的个性成长保留足够的空间和可能性，让更多富有生机与活力的数字化课程教学改革经验和做法能够从学校的实践土壤中自然生长、蓬勃发展。

教学是课程实施的基本途径，更是提升学校教育质量的核心环节。在构建"教学创新"的过程中，由于涉及众多方面和复杂要素，期望在同一时间段内全面铺开所有任务并取得显著突破与实效，对于大多数学校而言，无疑是一项难以实现的挑战。因此，明智的策略是选择主要的教学场景作为改革的突破点，集中优势资源，采取稳扎稳打的策略，逐步推进教学改革的深入实施。

近年来，以深度学习（Deep-Learning）为代表的AI核心技术的快速进步，带动了生成式人工智能（AI）在多个领域大放异彩。而继 ChatGPT 大语言模型大获成功之后，DeepSeek 的横空出世改变了全球 AI 竞争版图，并加速推动了 AI 深度赋能各领域各行业的进程。在高等教育领域，以生成式人工智能为代表的 AI 前沿技术的深度应用正在解构传统大学的职能边界。高职院校应在技术手段上不断创新，更需要在教育理念、教学模式以及评价体系等方面进行深刻变革，共同塑造一个更加适应未来社会需求、更加注重学生全面发展与个性成长的数字化教育新图景。

5.2.1　重塑师生关系

在新时代背景下，构建新型师生关系显得尤为重要。传统教学场景中，传统"教师讲-学生听"的单向传输，在智能技术发展下演变为"师-机-生"三元协同的新型教育生态，教师扮演设计者、教学者、引导者、管理者、促进者、评价者、参与者等多元角色，构建了师生的双主体地位。与规模化和标准化的传统教育不同，数字时代的教育更加注重学生的个性化学习和教师的精准化教育。教师应充分发挥引领作用，不断优化教育过程，变革教学结构，创新教学模式，改进教学方法，并强化教育活动各因素的建设，以此激发学生的内驱力，促进教学与学习形态的转变。这种变革并非简单替代教师职能，而是通过重构知识生产、传递与内化的底层逻辑，使师生关系从"授受对立"转向"共生进化"，为技术技能型人才的可持续发展注入新动能。

在生成式 AI 的赋能下，教师从知识容器转型为学习生态的架构师。智能系统能够瞬时调用全球知识库解答常规问题，使教师得以从重复性知识传授中解放，转而聚焦高阶思维培养。当机械制造教师不再耗费精力讲解数控编程基础语法，而是借助 AI 生成的个性化学习方案，引导学生通过虚拟机床迭代优化加工工艺时，其核心职能已转向设计问题情境、搭建认知脚手架、培育工程思维。这种转变要求教师掌握新的能力图谱：既需理解智能技术的教育应用边界，又要具备学习科学的设计能力，更需在虚实融合的教学场景中保持人性化引导的温度。教师权威的来源，正从知识占有优势转向学习设计的专业性与教育智慧的情感性双重构建。

为激发每个学生的智力长板优势，教师应构建以学习者为中心的主动型学习机制，释放学习的创造力与活力，以"学生中心"为原则，充分发挥主导作用，积极引导和激发学生的学习兴趣，训练和发展他们的主观能动性和创造性。生成式 AI 提供的实时反馈与自适应学习支持，使学习者从被动接受者转变为自主探索者。例如，在智能焊接实训系统中，学生可随时调取 AI 模拟的熔池动态变化数据，自主调整焊接参数并即时获得质量评估，这种即时试错机制极大缩短了技能掌握周期。另外，AI 工具赋予学生知识建构的主动权——通过自然语言交互自主生成学习路径，利用智能图谱可视化知识关联，借助虚拟协作空间开展跨专业项目实践。这种主体性的技术赋能，使教学关系从"教师主导"转向"学生主控"，教师则转型为学习过程的观察者与策略调适者。

课程的实施应在"学生中心"的理念基础上，以学生发展为本，设定适应性、认识性、价值性等教学目标，重视学生创造力的培养，满足学生个性化发展的需求。课程目标从传统的适应性、认识性与价值性，在智能技术支持下形成了螺旋式进化机制，通过行业大数据实时捕捉技术迭代方向，使适应性目标保持与产业变革同步；运用认知计算模型解析学生学习轨迹，让认识性目标动态匹配个体发展节奏；借助价值网络分析技术，构建职业伦理与创新思维的评估框架，使价值性目标获得实证支撑。教师角色在此过程中既要防范技术理性对教育本质的异化，也要确保智能生成目标的育人价值导向。

教师应明确自身定位，转变教育理念，树立可持续发展的人才培养理念。鉴于学生在接受高职教育之前，多聚焦知识学习，缺乏"专业职场人"的意识，对"成人社会角色"和"职业人角色"的认知存在弱化或缺失，因此，现行的人才培养模式在培养目标上往往达不到用人标准，或流于形式。为了对接行业产业需求，我们应让学生对高职教育、专业与行业产生正确和积极的认识，逐步树立其对专业的兴趣和行业的理解，增强学生在学习中的主动性和价值感，实现校企协同育人。在此过程中，教师更多时候应作为监管者，督促学生自主学习和自我管理。

智慧教育的出现为个性化学习提供了有力支持。传统教育模式往往采用"一刀切"的方法，忽视了每个学生的个体差异。而智慧教育可以通过数据分析和学习算法，根据每个学生的学习风格、兴趣和水平，为其量身定制学习计划。这种个性化的学习方式可以更好地满足学生的需求，激发学习兴趣，提高学习效果。以推动个性化学习模式为目的打造新业态，标志着学校教育教学数字化转型进入了新阶段。

5.2.2　营造数字氛围

为了破解教育数字化转型的难题，营造数字氛围成为关键。教师通过教学场景的设计、大数据的建设与应用，将数字技术与教学实践深度融合，不仅解决了智慧校园建设与教学改革脱节的问题，还创造性地推动了教育教学的发展，形成了更加生动、多样、有效的教学方式。

在智慧教室的支持下，教师能够利用虚拟现实（VR）技术构建真实性、交互性、体验感强的教学情境，将学生带入到虚拟的生产场景中，亲身体验生产流程，从而增强学生的实践感知和学习兴趣。同时，借助各种工具设备和人工智能（AI）技术，教师能够精准刻画学生的认知结构画像，为学生量身定制更加贴合他们需求的个性化教学方案，提供个性化的学习支持，进而提升学生接受教育的舒适性和效果。

为了逐步实现大规模个性化学习，教师需要开放共享优质数字教学平台，为学生推送个性化学习资源。在混合教学模式下，教师要掌握混合教学技能，确保所有学生都能获得可访问和高质量的学习体验。基于教学平台，针对学生的个性化学习需求，搜集整理网络优质资源，不仅拓展了学习空间，也为学生提供了自主学习的通道。

数字技术赋能思维课堂教学，推动了教师教学思维从以教为中心到以学为中心的转变。智慧教育平台将教师、学生、教学活动和教学资源紧密联系在一起。在智慧课堂里，教师利用丰富的教学媒体工具，将传统的课本知识拓展成随时获取的网络资源，协助学生个性化智慧学习，精心设计符合学生认知规律的教学流程。因此，数字氛围为便于教师合理优化教学过程，充分利用智慧化环境，以利用信息技术赋能教学为指引，利用新一代的信息技术，将课堂打造成智慧化学习环境；利用大数据与人工智能技术，实现实时学生学习数据呈现，精准掌握学生学情，将基于教师经验的传统人工判断转变为基于数据的精准识别。动态跟踪学生数据，更有利于教师教学决策合理化、科学化。

教师要从数据、场景、过程、评价和人本几个方面发挥数字技术的赋能作用，尤其要从场景方面切入，运用数字技术构建高度聚焦、生动有趣、交互性强、个性化的学习环境。虚拟时空穿越、地理课上的实时数据显示等技术的应用，都极大地拓展了学生的学习空间，增强了学科的学习乐趣与学生的探究热情。

一线教育人要把握数字技术与教育教学深度融合的发展脉络，理清教育要素的逻辑关系。数字技术在教与学的宏观层面为师生提供了广阔的发展平台，落实到具体的课堂中，则形成了数字赋能下的课堂新样态。打造自主多样的开放性教学环境，激发学生学习兴趣，增强自主学习能力和动手能力，成为数字赋能课堂的重要目标。

从课程资源、学习工具和平台工具等诸多层面，教师需要不断探索数字化教学策略，构建数字学习新常态。利用人工智能、AR 等技术建立虚实共生的沉浸式、交互式、体验式空间情境，调动学生学习的积极性，使其产生强烈的好奇心和求知欲，保持积极的学习情感与态度。同时，利用智慧教育平台的投票、投稿等功能高效地展现学生观点，参与教学，进一步激活学生的认知思维。

数字资源的利用为教学提供了极大的便利，不仅帮助学生更好地理解知识，还激发了他们的学习兴趣。未来课堂提供了丰富的学习资源，包括微课、抢答、抽答活动等，为学生提供了自主学习和及时测评反馈的机会。教师可以根据学生的答题情况进行分析，组织学生进行讨论和互评，从而在不同形式的交互中促进思维的发展。

在监控反思层面，数字学习平台的大数据以及多元互动助力学生的自我反思和深度思维的发生。教师利用数字技术设计出生动的教学情境，让学生在沉浸式的体验中锻炼思维能力，提高解决问题的能力。而学生则可以通过数字技术进行自主学习、合作学习，不断探索、创新，从而培养出终身学习的习惯和能力。

教学技术的智能化转型，本质上是教育生产力与生产关系的协同进化。数字技术赋能思维课堂并不能仅停留在技术的运用上，更重要的是如何将技术与教育理念相结合，创造出真正符合学生需求、有助于学生全面发展的教学模式。这需要教师在实践中不断探索、创新，以实现技术与教育的深度融合，推动教育的持续发展和学生的全面成长。

5.2.3 巧用混合教学

在教育数字化转型下，填鸭式教学方法逐渐被教育界所摒弃，取而代之的是探究、引导、情境模拟等先进的教学方法。让学生学会独立思考、自主学习，调动其学习积极性和主观能动性成为教育改革的主要目标。混合式教学作为数字时代的一种创新教学模式，将信息技术与传统课堂深度融合，展现了其独特的优势和潜力。这不仅推动了线上线下融合互动和深层次的课堂变革，还注重启发式、互动式、探究式教学，引导学生主动思考、积极提问、自主探究，从而有效克服了传统教学中教师讲学生听、教知识学知识等弊端。

对于高职教育而言，混合式教学更是具有显著的优势。在混合式教学中，教师基于智慧教育平台等数字技术，拓展教育活动的时间和空间，激发学生的学习兴趣，增加师生间的互动和交流，使学生能够根据自己的学习进度和需求进行自主学习，同时在线下课堂中得到有针对性的答疑解惑，实现了对知识的深度理解和建构。由于高职学生的学习内容更偏向于实践应用，混合式教学不仅有利于学生的学习，还有助于教师及时掌握学生的情况，并在课堂中给学生更多实践的机会。同时，混合式教学也能够满足学生的个性化需求，提高课堂的灵活性。

为全面展现出混合式教学潜力，应注意以下几点：

1. 打造螺旋递进式培养路径

在数字时代，教育内容将围绕素养导向、能力为重等目标实现革新。要求以培养学习者的高阶思维能力、综合创新能力和终身学习能力为指向，把数字素养与技能培养摆在突出位置。螺旋递进式培养是一种教育理念和方法，它强调在学生的成长过程中，通过不断循环、逐步深入的学习过程，促进学生的全面发展，就像螺旋一样，每一次循环都会上升到一个新的层次，使学生在知识、技能和思维能力等方面得到逐步提升。例如，在智能制造专业中，当虚拟仿真实训系统检测到学生对机器人路径规划的认知障碍时，可即时生成由简至繁的算法解析模块，并关联材料力学特性对加工精度的影响分析。这种动态内容生成机制，使知识传递从"先验性灌输"转向"适应性建构"，教学节奏由教师的主观经验驱动升级为学习者的认知发展规律驱动。

为了打造螺旋递进式培养路径，注重以下几个方面的递进：

知识的递进：从基础知识到专业知识，再到跨学科的综合知识，学生需要不断拓宽知识面，深化对知识的理解和应用。

技能的递进：从基本技能到专业技能，再到创新思维和解决问题的能力，学生需要不断提升自己的技能水平，以适应不断变化的社会需求。

思维能力的递进：从简单的逻辑思维到复杂的创新思维，学生需要不断锻炼自己的思维能力，培养批判性思维、创造性思维和解决问题的能力。

素养的递进：从基本的道德素养到专业素养，再到综合素养，学生需要不断提升自己的素养水平，成为具有社会责任感、创新精神和实践能力的高素质人才。

教师需要把技术融入教育教学过程中，让技术作为认知工具，支持学生作为认知主体对知识进行探究和加工，从而促进学生高阶思维的发展。而在线教育在这一过程中发挥着重要作用，它应基于理解、应用、分析、综合、评价、创造的不同层级目标，在课堂教学的不同阶段设计逐层递进的数字化学习活动。这些学习活动作为载体，旨在促进学生的高阶思维发展，鼓励他们自主探索和创新，在探索和创新中获得成长和提高。

2. 策划教学设计

针对高职教育的职业性特征和当前企业数字化转型的快速发展，教学设计应注重理论与实践的结合，突破传统的课堂教学模式，注重实践教学和项目驱动的学习。为了提高人才培养的质量和适应性，增强职业学校的整体办学效益，教师应针对不同专业不同层次的学生，通过确立明确的教学目标，设计有效的教学系统，并对课堂教学活动进行系统的筹划。

为了突破传统的课堂教学模式，教师应注重实践教学和项目驱动的学习，让学生参与真实的项目案例，通过实际操作来学习和掌握相关技能。同时，鼓励教师将人工智能学科前沿、科研成果、"卡脖子"技术工程案例融入教学单元，搭配项目教学情境教学、模块化教学等教学方式，推广线上线下、翻转课堂、理实一体、仿真虚拟等多种教学方式灵活运用的混合式教学，如引入在线学习平台和远程教育技术，让学生可以随时随地进行学习，并与教师和同学进行交流和讨论。通过利用大数据分析和人工智能技术，教师可以更好地了解学生的学习需求和进展情况，提供个性化的学习资源和指导，帮助学生更好地掌握最新的技术知识。

在教学设计中，还应充分发挥教育数字资源丰富的优势，重视技术与教学基础环境的适切性。教师应选取和组合与教学目标、教学内容相适应的技术与教学资源，以强化学生实践动手能力、合作能力、创新能力培养为核心，设计能调动学生积极参与的教学活动，为高职教育注入新的活力，培养出更多适应时代发展需求的高素质人才。

3. 开放式学习

开放式学习强调设计非良构的学习活动和任务，为学生留下充分的探索空间，鼓励他们自主探索问题，参与探究过程，寻求解决方案。意味着要求教师从传授精加工之后的知识转向设计开放式的学习活动，支持学生在自主探究过程中实现知识建构，并在解决问题过程中体会到所学内容的价值。

在开放式学习中，学生通过案例分析、讨论和开放式问题解决等方式，培养批判性思维和解决问题的能力。他们可以从多个角度思考问题，并提出创新的解决方案，这有助于培养他们的自主学习和探究能力。同时，学生还通过课堂学习和自主研究，积极主动地获取数字化转型所需的技术知识和实践能力，掌握相关理论知识，并关注行业前沿动态，以适应快速变化的数字化领域。

更重要的是，在开放式学习中，学生和教师的参与角色是相互关联的。学生通过实践活动来提升技能和实践能力，而教师则通过指导和评估来引导学生的学习和成长。他们共同努力，以满足企业数字化转型对技术技能人才的需求，并将可持续发展的理念融入实践中。在实践过程中，学生能够将课堂学习的知识应用到实际项目中，了解企业数字化转型的实际需求和挑战，通过与团队合作和与企业合作伙伴交流，培养创新思维、沟通能力和团队合作精神。而教师则通过提供指导和支持，帮助学生解决问题，引导学生在实践中不断成长，并分享自己的实践经验和领域最新发展，帮助学生拓宽视野。

开放式学习旨在培养学生具备多方面的技能和能力，在面对复杂、模糊或不确定的问题时能够独立思考、有效探索和得出合理解决方案至关重要。基于开放式教学，能显著提升学生的主要技能和能力，如：

批判性思维能力：指对信息进行分析、评估和应用的能力，它要求学生对问题进行深入思考，不盲从于表面信息或既定答案。在解决开放性问题时，学生需要能够识别问题中的关键信息，分析不同观点的合理性和局限性，从而做出有理有据的判断和决策。

独立思考能力：指学生能够不依赖他人指导，自主分析问题、寻找解决方案的能力。在面对开放性问题时，学生应能够主动提出问题、设定假设、设计实验或调查方案，并通过自己的努力去验证假设和得出结论。

自主学习能力：指学生能够自我驱动地学习新知识、新技能，以适应不断变化的环境和需求。在解决开放性问题过程中，学生需要不断查阅资料、学习相关理论和方法，以便更好地理解和解决问题。同时，他们还需要能够自我评估学习成果，及时调整学习策略。

信息获取与处理能力：指学生能够有效地从各种渠道获取所需信息，并对其进行整理、分析和利用的能力。在面对开放性问题时，学生需要能够熟练运用各种信息检索工具，快速准确地找到相关信息；同时，他们还需要具备对信息进行筛选、整合和解读的能力，以便更好地服务于问题解决过程。

团队合作与沟通能力：是学生能够与他人协作完成任务、分享信息和观点的能力。在解决一些复杂的开放性问题时，学生往往需要与他人合作。在这个过程中，他们需要能够有效地表达自己的观点和需求，倾听他人的意见和建议，共同制定解决方案并协同实施。

创新与实践能力：指学生能够提出新颖的观点和方法，并通过实践来验证其可行性的能力。在解决开放性问题时，学生需要能够跳出传统思维模式的束缚，勇于尝试新的思路和方法；同时，他们还需要具备将想法付诸实践的能力，通过实际操作来验证其假设和解决方案的可行性。

开放式学习有助于培养学生具备技术技能和可持续发展意识的高素质人才，以满足企业数字化转型的需求，更将为他们未来的职业生涯和人生发展奠定坚实的基础。

4. 情境教学

情境教学是一种有效的教学策略，通过创设真实或模拟的情境，使学生在实践中学习，从而深刻认识到所学内容的价值，并感受到成就感。这种教学方法不仅提升了学习的吸引力，还有效激发了学生的学习动机。

情境教学的核心优势在于其能够显著提升学生的学习兴趣与动机。通过将学生置于真实的或模拟的情境中，不仅能够深刻理解所学内容的实际应用价值，还能在实践中亲身体验到学习的成果，从而大大增强成就感和自信心。这种教学方法强调"做中学"的实践环节，注重通过实践环节培养学生自学和自我评价等实际能力，学习专业技术和关键能力技巧，通过情境的创设，引导和鼓励学生自学和动手操作，以启发学生的创新意识和想象力。此外，情境教学还注重通过组织讨论、辩论或演讲等活动，锻炼学生的主动思考、逻辑思维、语言表达和沟通交流，进而全面提升学生的综合素质，为他们未来的学术和职业发展奠定坚实的基础。

情境教学的实施方式多种多样，主要有以下几种实施方式：

创设真实或模拟工作情境：在校内已经按行业标准搭建了软硬兼备的实训场景，因此在校企合作产业学院内进行的实训教学都始终坚持工学交替，按照产业化的真实情境让学生承担相应的角色，将关键能力培养转移至工作场域中，从而使学生更直观地认识到关键能力与职业、职场的关联性，培养其职业能力和素养。

利用多媒体和信息技术：传统的实践教学方法的自身性局限，在虚实融合技术支持下可得到根本性突破。生成式 AI 构建的数字孪生系统，能够复现真实生产场景的动态复杂性，同时叠加智能引导层形成"增强型实训空间"。例如，在新能源汽车维修教学中，学生不仅可通过虚拟现实设备拆解高压电池组，还能触发智能系统生成的多样化故障组合。当学生调整诊断参数时，虚拟系统即时反馈电池热管理系统的连锁反应，并自动生成故障树分析图谱。这种虚实交织的实训模式，使技能习得从"机械重复"转向"策略进化"，学生通过智能系统支持的无限试错空间，自主建构复杂问题解决能力。教师的教学重心随之转向设计具有挑战性的实训任务，并在关键认知节点实施元认知干预，引导学生从操作经验中提炼可迁移的工程思维。

组织实践活动：通过实验、操作、表演等活动，让学生在实践中学习和掌握知识。例如，在化学实验中观察化学反应现象，理解化学原理；在戏剧表演中体会人物情感，理解文学作品内涵。开展项目式学习（PBL），围绕一个具体项目或问题组织教学活动，让学生在解决问题的过程中综合运用所学知识，培养创新思维和实践能力。

此外，还需结合学科特点和学生实际，根据不同学科的特点和教学目标，灵活设计情境教学的实施方式。关注学生的个体差异和学习需求，因材施教地实施情境教学。例如，对于学习困难的学生可以给予更多的指导和支持；对于学有余力的学生可以设计更具挑战性的学习任务。

5. 线上教学和远程实验

在数字化转型的背景下，线上线下混合式教学在快速发展的数字化时代展现出了其独特的优势。智慧教育平台和虚拟实验室等先进技术手段的引入，极大地扩展了学生的学习资源和实践机会。学生不再受限于传统的教室和实验室，而是可以根据自己的需求和兴趣，在任何时间、任何地点进行自主学习和探索。这不仅突破了传统教学的时空限制，使得学生可以在任何有网络的地方进行学习，极大地提高了学习的灵活性和便捷性，还丰富了教学资源，让教师可以制作高质量的教学视频、课件等资源，供学生反复观看和学习，满足不同学生的个性化需求。

线上教学通过利用数字化技术，实现了教学资源的广泛传播和重复利用，提高了教学效率。同时，也鼓励学生自主学习，培养了他们的自学能力和终身学习习惯。学生可以根据自己的学习进度和需求安排学习计划，利用碎片时间进行学习，这使得学习变得更加灵活和自主。而远程实验教学则通过虚拟仿真技术、数字孪生等手段，模拟真实实验环境，使学生在虚拟环境中进行实验操作，有效解决了传统实验中设备不足、耗材昂贵等问题，还降低了实验风险，提高了学生的实践能力和创新能力。远程实验教学可以根据学生的不同需求和水平提供个性化的实验指导，满足不同层次学生的需求，实现因材施教。

此外，数字化转型有助于促进教育公平。通过远程实验平台，不同地区、不同学校的学生都可以获取到高质量的实验资源，享受平等的教育机会。同时，这些改革也有助于推动高职院校与企业的产学研结合，使教学内容更加贴近实际需求，培养学生的实践能力和职业素养。

教学方法的智能化转型，实质是职业教育从"经验范式"向"科学范式"跃迁的关键跃变。当生成式 AI 能够自主构建认知发展模型，当虚拟仿真实训可以精准培育工程思维，当动态评估系统持续导航能力进化方向时，技术技能型人才的培养便获得了可复制、可验证、可优化的科学基础。高职教育正在突破传统方法论的效能瓶颈，在智能技术与教育规律的协同创新中，构建起适配数字时代的人才可持续发展机制。教师与智能系统的新型协同关系，学生与知识建构的深度交互模式，正在共同书写职业教育方法论演进的新篇章。

5.2.4 关注情感交流

在数字化转型的背景下，要使技术真正服务于教育，就必须熟练地并创造性地运用它，为技术注入文化和人性的内涵。情感交流和人文关怀是教育的核心要素，对于培养学生的全面素质、促进其健康成长具有不可替代的作用。

在高职教育阶段，学生正处于人生观、价值观形成的关键时期，他们需要更多的情感关怀和人文引导，以帮助其建立正确的人生导向，培养健全的人格和社会责任感。随着数字技术在教育领域应用的日益成熟，教育实践逐渐转移到虚拟教育空间，沟通方式更加多元，交互体验也更为丰富。然而，智慧教育不应仅仅局限于数据结构和智能算法，以至于弱化了教育的精神性，使师生关系、生生关系变得冷漠，甚至让传统教育中那些面对面的、充满教育性的丰富情绪体验荡然无存。教育的脉脉温情、个体间的和谐联系，绝不能被精神疏离所取代。高职教育的情感交流和人文关怀改革，是适应数字化转型、提升教育质量、促进学生全面发展的必然要求。这不仅关系到学生个人的成长和幸福，也关系到社会的和谐与进步。所以，我们必须高度重视这一改革，积极采取措施加以推进，为高职学生创造一个更加温暖、包容和富有情感关怀的学习环境。

因此，高职院校在追求技术革新的同时，应不忘初心，坚守人文关怀和正确的价值取向。为了实现这一目标，我们亟须加强技术素养和人文素养的双重培养，保持开放的心态，积极拥抱新技术，并创造性地将其融入教育教学之中，为传统教育注入新的活力和丰富内涵。

强化教师的人文素养和数字素养至关重要。教师需要深刻理解人文精神的核心价值，即尊重人的价值、维护人的尊严、关心人的成长，并在教育教学过程中以学生为本，关注学生的全面发展，特别是他们的情感需求和心理状态。同时，教师需构建数字技术的情感化应用能力，例如运用 VR

技术创设工业文化沉浸式体验场景，通过情感计算算法识别课堂中学生微表情变化，借助数字孪生技术还原装备制造过程的人文伦理情境。借助Tableau可视化工具生成学习情绪热力图，在课程中建立基于情感共鸣的智能反馈机制，使 AI 答疑系统能识别学生挫败感并自动推送鼓励性语音指导。

利用数字技术创新教学方式，促进情感交流，打造虚拟仿真课堂、在线互动平台等，打破时间和空间的限制，使师生能够在任何时间、任何地点进行交流和互动。通过实时视频、语音聊天、在线讨论等方式，增强师生之间的情感联系，让学生感受到教师的关怀和支持。同时，实施个性化教学，满足学生多样化的学习需求，也是提升情感交流的重要方式。

再通过优化教育资源，实现丰富人文关怀内涵，如利用国家职业教育智慧教育平台等优质资源，为师生提供丰富多样的教学内容和素材。同时，鼓励教师自主开发数字化教学资源，如在线课程、微课、虚拟仿真实验等，以满足不同学生的学习需求。在教学资源中融入人文关怀元素，如历史名人故事、社会热点事件分析等，引导学生关注社会、关注他人，培养他们的社会责任感和同情心。

此外，高职院校还需要建立有效的评估与反馈机制，这也是实现情感交流和人文关怀改革，采用形成性评价和终结性评价相结合的方式，对学生的学习过程和学习成果进行全面评估，并注重评价的人文关怀性，关注学生的情感、态度和价值观等非智力因素的发展。

5.3　人才考核评价

在数字化转型的浪潮中，高职教育的人才考核评价环节正经历着深刻的转型与优化。传统的以专业教师为考核主体，侧重日常学习和期末考试占比，主要考核知识点掌握程度的单边评价方式，已难以满足现代高职教育对人才培养质量全面评估的需求。随着行业、企业对人才要求的不断提高，高职教育必须构建一个全过程多维度、校企协同、动态调整的考核评价体系。

5.3.1　全过程多维度考核评价体系的建立

建立考核评价体系，是高职院校人才培养必不可少的重要环节。改变传统的单一模式，代之以全过程、多维度的考核评价模式，能够帮助老师及时准确了解学生发展状况的实际情况，及时调整教学方向，改进教学方法，及时调整学习、活动的侧重点。建立全过程多维度考核评价体系，需要明确以学生为中心，关注其全面发展的核心理念，评价不仅仅是对知识点的掌握程度，还包括学生的技能、态度、价值观以及在实际工作场景中的应用能力等多方面。具体而言，评价体系应涵盖以下几个方面：

理论知识：这是学生学习的基础，评价学生是否掌握了课程的核心概念和原理。通过考试、作业和小测验等方式，可以量化学生对理论知识的掌握程度。

基础技能：这包括学生在专业领域内的基本操作技能和实践能力。通过实验室操作、项目实践、技能展示等形式，评估学生是否能够将理论知识转化为实际操作能力。

情感态度：关注学生的学习态度、团队合作精神以及对职业的热爱程度。通过课堂表现、小组讨论、同伴评价等方式，了解学生的情感态度，这有助于培养学生的责任感和职业素养。

价值取向：评价学生的价值观、道德观和社会责任感。通过案例分析、道德辩论、社会实践等活动，引导学生形成正确的价值取向，培养他们的社会责任感和公民意识。

此外，还强调全过程跟踪和动态调整，不仅仅局限于期末考试或某个特定时间点，而是贯穿学生的整个学习周期。从学生的学习过程到实践项目，再到毕业设计与职场表现，全过程进行动态跟踪和评价。通过日常学习记录、项目实践表现、毕业设计成果、企业实习反馈等多方面的数据收集，还要及时动态调整评价标准和方法，确保评价体系的时效性和准确性，形成对学生全面发展的综合评价。

同时，校企协同评价是实现教育与社会需求无缝对接的关键环节。高职院校应积极引入企业作为评价主体之一，与学校共同制定评价标准、考核形式和工具，共同设计实践项目、开展技能培训、组织实习实训等活动。企业不但可以带入更多的情境化考核方式，企业背后的行业组织也可以作为第三方机构，为考核评价带入如行业标准等更丰富多元的元素，使学生关键能力的评价更为客观、全面且富有实效。同时，企业专家可以参与教学评价过程，提供宝贵的行业见解和反馈意见，帮助学校不断优化课程体系和教学内容。

校企双方在确立各种考核评价标准、形式、工具等问题时，拥有天然的默契优势，此框架下衍生出的融入行业标准、职业情境的考核评价方式，不仅为专业技能的培养奠定了基础，也为关键能力培养评价做好了保障。

5.3.2　信息技术在考核评价中的应用

在高职教育人才考核评价体系中，信息技术的深度应用可以极大地丰富评价手段，显著提升评价的精准度与全面性，为人才培养质量的持续提升奠定坚实基础。

信息技术可为多维度评价指标的量化与追踪提供强有力的支持。传统体系里，对学生情感态度、价值取向等非量化指标的评价往往依赖于主观判断，难以保证评价的客观性和一致性。而借助大数据分析、情感计算等先进技术，可以对学生的在线互动、作业提交、团队合作等行为数据进行深入挖掘，从而间接反映其学习态度、团队协作能力及价值观倾向。例如，通过分析学生在讨论区的发言频率、内容质量以及与其他同学的互动模式，可以较为准确地评估其参与度和合作精神；通过追踪学生在虚拟实训环境中的操作习惯、错误纠正速度等指标，对其专业技能的掌握程度及学习态度做出量化评价。

全过程评价的实现得益于信息技术的全面渗透。从学生学习过程的起点到终点，每一个关键环节都被信息技术所记录和分析。智慧教育平台能够实时采集学生的课堂表现、作业完成情况、在线测试成绩等数据，形成完整的学习轨迹。同时，借助项目管理软件、虚拟仿真技术等工具，可以对学生的实践项目进行全面跟踪和评估,确保评价过程的无缝衔接。此外,通过与企业合作建立实习管理系统,学校能够实时获取学生在企业实习期间的表现反馈,实现校内外评价的有机融合。这一过程不仅提高了评价的时效性,还确保了评价结果的全面性和准确性。

校企协同评价模式的构建也离不开信息技术的支撑。信息技术打破了地域限制,使得校企双方能够跨越时空障碍进行深度合作。通过构建校企合作信息平台,学校可以与企业共享学生信息、教学计划、实践项目等资源,实现评价标准的统一和考核过程的协同。企业专家可以远程参与学生的项目评审、毕业设计答辩等环节,提供宝贵的行业见解和反馈意见。同时,学校也可以利用信息平台收集企业对学生职业素养、专业技能等方面的评价数据,为人才培养方案的优化提供依据。这种基于信息技术的协同评价机制不仅提高了评价的专业性和针对性,还促进了教育链、人才链与产业链、创新链的有效衔接。

信息技术还促进了评价方式的创新与发展。传统的纸质试卷、面对面考试等方式已难以满足高职教育多元化、个性化的评价需求。而借助在线考试系统、虚拟现实技术等手段,可以设计出更加灵活多样、贴近实际的考核形式。例如,通过虚拟现实技术模拟真实工作场景,让学生在虚拟环境中完成操作任务,既考查了其专业技能的掌握程度,又锻炼了其应变能力和心理素质。同时,在线考试系统支持随机组卷、自动阅卷等功能,大大提高了考试的效率和公平性。这些创新性的评价方式不仅丰富了评价手段,还激发了学生的学习兴趣和积极性。

随着信息技术的不断进步和应用场景的持续拓展,高职教育人才考核评价体系将变得更加科学、公正、高效,为培养更多高素质技术技能人才提供有力保障。

5.3.3 考核评价方式的创新

在高职教育人才考核评价领域,信息技术的广泛应用正深刻改变着传统的评价模式,不仅提高了评价的精准度和效率,还增强了评价的情境化、项目化和竞争性，为学生综合素质的全面发展提供了有力支撑。

1. 情境测试与项目考核

情境测试与项目考核，作为信息技术深度融入高职教育评价体系的重要评价体系，极大地增强了评价的实践导向与精准力度。利用虚拟现实（VR）、增强现实（AR）等前沿技术，院校构建了一个个栩栩如生、贴近真实的工作场景，让学生在这些高度仿真的情境中接受挑战与考验，不仅能精准检验学生的专业知识与技能根基，更深刻挖掘了他们在复杂多变环境中的适应力、问题剖析与解决能力，以及不可或缺的团队协作精神。

同时，项目考核作为一种以学生为中心的综合评价体系，通过赋予学生具体任务，让他们在实战中磨砺与成长。项目不仅作为评价的载体，更是学生展现自我、实现价值的舞台。信息技术的融入，让项目管理的每一个环节都变得透明可视、数据可溯，教师得以及时掌握学生的进度脉络、团队协作动态及成果品质，从而能够基于丰富、翔实的数据支撑，给予学生更加公正、全面且个性化的评价反馈。

情境测试与项目考核相辅相成，共同绘制了一幅动态、多元的学生能力图谱。情境测试侧重于关键能力的实战演练，如团队协作、自我管理、问题解决与人际沟通等，通过模拟真实或接近真实的职业场景，让学生在实际操作中学习、反思与提升。

情境测试与项目考核不仅是信息技术赋能高职教育评价的创新实践，更是推动学生全面发展、适应未来职场挑战的有效途径。它们以实战为导向，以能力为核心，共同促进了高职教育评价体系的现代化转型与高质量发展。

2. 过程性评价与结果性评价相结合

在情境测试与项目考核的实施过程中，过程性评价与结果性评价的有机结合显得尤为重要。过程性评价关注学生在学习过程中的表现和努力程度，通过日常学习记录、在线互动数据、项目进展报告等方式收集信息，形成对学生学习轨迹的连续追踪。这样有助于教师及时发现学生的问题和不足，并给予针对性的指导和帮助，而结果性评价则侧重于对学生最终学习成果的评价，如考试成绩、项目成果展示等。通过将过程性评价与结果性评价相结合，学校能够构建一个既关注学习过程又重视学习成果的综合评价体系，确保评价的全面性和公正性。

此外，随着教育理念的更新与技术的进步，高职院校应逐渐减少传统的终结性评价比重，增加过程性、展示性评价的内容。通过在线测评、学习统计等现代化手段，我们可以更加便捷、高效地记录学生的学习情况，为终结性评价提供更加丰富、多元的数据支持。同时，鼓励学生进行自我评估与同伴互评，不仅能够培养他们的反思能力与团队协作精神，还能激发他们主动参与评价、自我提升的积极性。这样的评价方式，将更加符合时代的需求与学生的发展规律，为高职教育的蓬勃发展注入新的活力。

3. 竞赛型考核与 1+X 证书制度

竞赛型考核，以其激烈的竞争氛围和高度实战化的特点，为学生搭建了展现才华、挑战自我的广阔舞台，通过组织校内外的专业技能竞赛，不仅直接检验了学生的专业技能水平，更在无形中激发了他们的竞争意识与创新精神。信息技术的融入，让竞赛的组织、参与、评审等各个环节变得高效便捷，同时也为观众提供了前所未有的观赛体验，增强了竞赛的公开性和互动性。

而 1+X 证书制度，则是高职教育对接市场需求、提升学生就业竞争力的重要举措。它打破了单一学历证书的局限，强调学历教育与职业技能教育的深度融合。在这一制度下，学生不仅要完成规定的学业要求，还需通过一系列职业技能考核，获得相应的职业技能等级证书。这种"双证融通"的模式，不仅丰富了学生的知识结构，更提升了他们的实践能力和职业素养。信息技术的广泛应用，为 1+X 证书制度的实施提供了强有力的支持。在线培训平台、职业技能测评系统等工具的开发与应用，使得学生能够随时随地接受高质量的职业技能培训与考核，极大地提高了证书获取的便利性和灵活性。

从评价的角度来看，1+X 证书制度构建了一个多元、立体的评价体系。

它不仅涵盖了学校内部的学业评价，还引入了企业、行业组织以及第三方专业评估机构等外部评价主体，形成了多方协同、共同育人的良好局面。在评价内容上，1+X证书制度既注重理论知识的掌握，又强调职业技能的应用与实践；既关注学生当前的学习成果，又重视其长远发展的潜力与关键能力的培养。这种全方位、多层次的评价体系，为高职教育的质量提升提供了有力保障。

2019年国务院颁布的《国家职业教育改革实施方案》，为1+X证书制度的实施提供了政策导向与制度保障，明确了职业教育的发展方向与目标，强调了学历教育与职业技能教育的并重与融合。在这一背景下，高职教育正积极探索人才培养模式与评价体系的创新路径，力求培养出更多符合市场需求、具备较高职业素养和关键能力的高素质技术技能人才。

5.3.4　考核评价体系的持续改进

考核评价体系的持续改进，是高职教育在数字化转型中教育改革质量提升不可或缺的关键环节。这一过程需要依赖广泛的社会参与、动态的数据分析以及深入的行业洞察，旨在构建一个更加贴合市场需求、促进学生全面发展的评价体系。

多方反馈与动态调整机制是考核评价体系优化的重要驱动力。高职院校应积极邀请用人单位、毕业学员、行业专家等多元主体参与评价过程，广泛征求他们的意见和建议。来自一线的反馈，可以精准定位评价体系中存在的问题与不足，同时，结合社会需求和学生满意度的定期调查，能及时调整课程体系和评价标准，确保评价内容的前沿性和实用性。这种动态调整不仅让评价体系更加灵活多变，也使其能够更好地适应时代发展的需要。

针对职业素养这一难以量化的重要维度，高职院校需不断探索和开发适用的评价方法。情境测试法产生的效果优异，通过设定具体任务，观察学生在完成任务过程中的表现与状态，更加直观地评估其团队协作、自我管理、问题解决等关键能力水平。这种方法不仅克服了传统评价方式的主观性和片面性，还为学生提供了更加真实、生动的实践场景，有助于他们更好地理解和内化职业素养的内涵。

毕业设计与行业接轨也是考核评价体系优化的重要方向之一。高职院校与企业紧密合作，共同商定毕业设计选题并指导完成，确保毕业设计选题的前沿性和实用性，还让学生在完成设计的过程中深入了解行业需求和动态，通过毕业设计评价机制，我们加强对学生研究能力和问题求解能力的考查，进一步提升了高职教育与社会需求的匹配度。

高职教育人才考核评价体系的转型与优化是一个复杂而持续的过程，需要全过程多维度、校企协同、信息技术支撑以及持续改进等多方面的共同努力，构建更加科学、公正、全面、动态的考核评价体系，为高职教育人才培养质量的提升注入源源不断的动力，为企业数字化转型提供坚实的人才支撑。

5.4 师资队伍建设

5.4.1 教师的职业素养

数字化引领未来技术变革，教师不仅是人才培养的坚实基石，更是教育战略蓝图的绘制者、教育理念的革新者与教育模式的重塑者。教学改革的成效，深刻依赖于教师团队的综合素养与专业水平，因此，推动教师向数字化转型，已成为高职教育领域的强烈诉求。

面对数字经济时代的新要求，高职院校的教师被赋予了更高的质量标准，不仅要具备深厚的行业经验与丰富的实践能力，能够精准捕捉行业对人才的知识、技能与素质需求，更需具备将这些需求转化为生动教学内容的能力，使之无缝融入日常教学活动之中。同时，教师还需紧跟行业变革的步伐，及时更新课程内容，创新教学方法，确保传授的知识与技能始终站在时代前沿。

1. 教学能力

教师应具备出色的语言表达能力、教学组织能力以及对学生发展动态的敏锐洞察力。他们应能灵活运用多种教学方法，深入浅出地讲解专业知识，并熟练进行技术技能实践操作。同时，教师应积极参与课程设计与调整，提出科学合理的建议，包括课程模块设计、课堂教学掌控、教法多样性与适应性、新型教材编写、网络资源运用、项目设计与执行等多个维度。

2. 知识理论

教师的专业素养要求远不止于对基础知识的简单掌握，而是需要构建一个全面、深入且与时俱进的知识体系，不仅要精通职教专业领域内的核心理论框架，还需深入理解这些理论背后的逻辑与原理，能够将其灵活应用于解决实际问题之中。

教师应持续追踪学科前沿动态，不断更新和完善自身的知识结构。随着科技的飞速发展和行业的不断变革，新的理论、技术和方法层出不穷。教师需保持高度的学习热情和求知欲，通过参加学术研讨会、阅读专业期刊、参与在线课程等方式，及时获取最新的研究成果和行业动态，确保所传授的知识始终与时代发展同步。教师还需具备跨学科的知识整合能力。在当今复杂多变的社会环境中，许多问题已不再是单一学科所能解决，而是需要多学科交叉融合的综合视角。因此，教师应积极拓展自己的知识边界，了解相关学科的基础知识和发展趋势，能够在教学中融入跨学科的思想和方法，培养学生的综合思维和创新能力。教师还应注重将理论知识与实践经验相结合。高职教育专业的特点在于其实践性和应用性，理论知识只有在实际操作中得以验证和应用，才能真正发挥其价值。因此，教师应积极参与企业实践、项目研发等活动，积累丰富的实践经验，并将其融入日常教学中，使学生能够在理论学习的基础上，更好地理解和掌握实际操作技能。

3. 数字素养

教师的角色已经从传统意义上的知识传授者转变为数字时代的教育创新者和引领者。数字素养不仅仅是对数字技术的简单应用，更是一种深度融合教育理念、教学方法与技术工具的综合能力。

数字技术的应用是教师首要具备的基础，包括熟练掌握各种数字化教学工具，如多媒体教学软件、在线学习平台、虚拟现实（VR）和增强现实（AR）技术等。教师应能够灵活运用这些工具，创新教学方式，提升课堂教学的互动性和趣味性，激发学生的学习兴趣和积极性。其次是，具备数字化教学设计的能力，根据教学目标和学生特点，合理选择和整合数字化教学资源，设计富有创意和实效性的教学活动。这要求教师具备深刻的教育学、心理学知识，以及良好的教学设计和课程开发能力，能够制定出符合数字化时代特点的教学方案，实现教学过程的优化和教学效果的提升。

教师在数字化学业评价方面也应展现出高超的素养。传统的学业评价方式往往侧重于单一的考试成绩，而数字化学业评价则更加注重对学生学习过程的全面记录和多元评价。教师应能够利用大数据、学习分析等技术手段，收集和分析学生的学习数据，了解学生的学习习惯、兴趣偏好和学习成效，从而为学生提供更加个性化和精准的学习反馈和指导。

数字化协同育人能力也是教师数字素养的重要组成部分。在数字化时代，教育不再局限于学校内部，而是需要学校、家庭、社会以及企业等多方面的协同合作。教师应具备开放的心态和合作的精神，积极寻求与各方面的合作机会，共同促进学生的全面发展。同时，教师还应具备跨领域、跨文化的沟通能力，能够在多元环境中有效交流和协作，为学生的成长创造更加广阔的空间和机会。

教师的数字素养是一个多维度、综合性的概念，它要求教师不仅具备扎实的数字技术应用基础，还应具备数字化教学设计、数字化学业评价以及数字化协同育人等多方面的能力。这些能力的提升将有助于教师在数字化时代更好地履行职责，推动教育教学的创新和发展。

5.4.2 教师队伍的构建

为落实《中共中央 国务院关于全面深化新时代教师队伍建设改革的意见》，必须将教师素质提升与教育数字化有机结合，用新的发展思路，加强师资队伍建设，积极构建高质量教师教育体系，提升教师的综合素质。为了确保教育质量，高职院校必须拥有一支既具备深厚专业知识又富有实践经验，且与企业数字化转型需求紧密对接的师资队伍。

1. 师资队伍结构优化与内涵发展

秉持"以人为本、全面、协调、可持续"的发展理念，高职院校应致力于优化教师队伍的年龄、职称、学历结构，确保队伍既充满活力又不失稳重。重点培养专业（学科）带头人、骨干教师和"双师型"教师，特别是让具有丰富产业经验的导师引领专业发展。通过引进高学历、高素质的学科带头人，同时加强对现有教师的继续教育培训，实现教师队伍整体学历层次的稳步提升。选拔、聘用、晋升教师时，应综合考虑其专业能力、职业背景、职场经验及基本素养，确保每位教师都能为学生带来全面的成长支持。

2. 教师团队管理体系的完善

建立由政府主导、多方参与的双师型教师培养机制，是提升教师整体素质的关键。政府应协调各级各类培训资源，针对不同专业、行业的需求，制订科学合理的培训计划。培训内容应涵盖教育理论、教学设计、教学评价及行业最新动态，确保教师能够与时俱进，有效应对行业变革。同时，明确教师培训的权利与义务，激发教师的自我提升动力，形成良性循环。

3. 强化"双师型"教师队伍建设

"双师型"教师是高职教育的宝贵财富，他们不仅精通理论，更擅长实践。为此，高职院校应采取定期岗位培训、企业挂职锻炼等多种方式，提升在校教师的职业素养和技术技能。同时，积极选聘校外行业专家、企业技术能手作为兼职教师，参与教学活动，带来一线经验和行业洞察。确保"双师型"教师比例高于50%，兼职教师授课时间充足，形成校内外师资优势互补的良好局面。

4. 推动"双授课"主体职能的深化

高职院校应充分利用产教融合平台，促进校企师资双向流动。通过政府主导，制定详细的双向流动规则和实施办法，明确各方权利义务，形成长效机制。鼓励企业技术人员走进校园，承担理论与实践教学任务；同时，选派优秀教师赴企业挂职，深入了解行业动态和技术前沿。这种双向流动不仅丰富了教学内容，也提升了教师的实战能力，为学生提供了更加贴近市场需求的教育资源。

5. 招聘与培训并举，拓宽师资来源

高职院校应拓宽师资招聘渠道，积极引进具有丰富实践经验和行业背景的专业人士。他们可以通过案例分析、实地考察等方式，将理论知识与实际工作紧密结合，激发学生的学习兴趣和创新能力。同时，加强对新入职教师的培训，特别是数字化教学能力的培训，确保每位教师都能熟练掌握现代教学工具和方法，提升教学质量。

6. 探索模块化教学模式，促进教师分工协作

面对数字化转型带来的新挑战，高职院校应积极探索模块化教学模式。根据课程特点和学生需求，将教学内容划分为若干模块，由不同专长的教师分工负责。这种模式不仅提高了教学效率，也促进了教师之间的交流与合作，共同推动教学创新和质量提升。

构建适应数字化转型的高素质师资队伍是一项系统工程，需要政府、学校、企业等多方共同努力。通过优化队伍结构、完善管理体系、强化"双师型"建设、推动双向流动、拓宽师资来源及探索模块化教学等措施，高职院校将能够培养出更多具备未来岗位发展能力和创新能力的优秀人才，为区域经济发展和社会进步贡献力量。

5.4.3 教师发展

在数字化转型的大潮中，教师的专业成长与发展成为推动高职教育质量提升的核心动力。为了构建一支高素质、适应时代需求的教师队伍，高职院校需从多个维度出发，全面促进教师的教学理念更新、数字素养提升及实践能力增强。

1. 更新教学理念，引领教育创新

面对数字技术的迅猛发展,高职院校首要任务是更新教师的教学理念。智能备课系统能够瞬时生成跨学科课程模块，迫使教师从知识传授者转型为课程设计架构师。当系统自动整合产业前沿数据与学术研究成果时，教师的核心价值转向教学方案的伦理审查与价值校准，在机器生成的海量内容中识别教育本质,确保技术理性与育人目标的平衡。高职院校通过组织常态化的教研活动与课程培训，引导教师深刻理解数字技术在教育发展中的价值,激发他们主动学习和应用新技术的热情。鼓励教师进行教学研究，将研究成果转化为教学资源，探索可持续发展教学的创新方法和策略，为其他教师提供宝贵经验和借鉴。同时，强化教师的课程意识，赋予他们课程开发与实施的权利,激发其参与学校课程体系建设的积极性,实现自我发展。

2. 强化数字素养，提升应用能力

数字素养是教师适应数字化转型的关键能力。高职院校应加强教师数字素养的培训，涵盖数字技术基本知识、信息化教学方法与技巧等内容，不仅需要掌握智能工具的操作技能，更要发展算法批判能力与数据伦理意识，发展出"技术解读者"与"教育守门人"的双重角色，在智能系统提供的可能性空间中保持专业判断力，使技术赋能始终服务于人的全面发展目标。高职院校通过组织专题研修、实践操作指导等活动，帮助教师掌握新技术的应用方法，提升信息化教学能力。同时，利用大数据和人工智能技术，构建教师精准用户画像，为教师发展提供个性化支持和评估反馈。鼓励教师运用智能课件、自动批改测验等智能工具,提升教学效率与质量，实现个性化学习和精准教学的目标。

3. 深化校企合作，促进实践导向

校企合作是提升教师实践能力的有效途径。高职院校应鼓励教师定期赴企业一线进行业务实践学习，了解岗位需求和工作内容，与企业专家合作开展横向科研课题与技能大赛指导训练等活动。通过聘用企业专家来校

任教，引入实战经验，更好地引导学生关键能力的塑造。此外，加强学校与企业之间的合作关系，共同研发课程与教材，促进知识与经验的共享，使教学内容更加贴近实际需求。

4. 搭建交流平台，促进共同成长

教师间的交流与合作对于提升整体教学水平至关重要。高职院校应组织丰富多样的教学研讨会、经验分享会等活动，为教师提供交流学习的平台。鼓励教师参与科研项目与教学改革项目，通过实践探索最适合自己教学环境的教学模式和方法。同时，加强与其他高校、研究机构及企业的合作，通过联合研究团队、学术讲座、研讨会等形式，拓宽教师的学术视野，提升专业素养。

5. 实施多元评价，推动持续改进

建立科学、全面的教师评价体系，对于促进教师发展具有重要意义。高职院校应结合"内部、外部"二元评价，确立课程评价、教师评价、课程实施效果评价等多个维度，通过专家问卷、学生反馈等方式优化设置指标权重。利用大数据技术对学生的学习情况进行分析，为个性化教育提供数据支持。同时，关注毕业生就业情况与毕业生对教育质量的评价，及时调整专业课程设置和教学内容，确保技术技能人才培养的质量与行业需求相匹配。

6. 注重师德建设，提升综合素质

教师的职业道德和修养是其专业发展的重要组成部分。高职院校应重视师德师风建设，引导教师树立正确的职业观和价值观，以高尚的师德影响学生，以精湛的教学技能培养学生。通过组织师德教育活动、表彰优秀教师等方式，营造尊师重教的良好氛围，提升教师队伍的整体素质。

随着数字技术的持续演进和教育改革的不断深化，教师发展将面临更多机遇与挑战。持续推动教师专业成长，才能够培养出更多具备创新精神和实践能力的高素质技术技能人才，为社会的可持续发展贡献力量。

6 高瞻远瞩
——人才的可持续发展

　　随着教育数字化转型的加速推进，教育服务正由原先的局部小范围群体扩展至广大的社会群体，从阶段性的教育模式转变为支持个体可持续发展的长效服务，教育数字化转型已成为高职院校高质量发展的重要引擎和创新路径。这一转变深刻体现了党的二十大报告中提出的推进教育数字化、建设全民终身学习的学习型社会、学习型大国的战略目标。高职院校作为高等教育的重要组成部分，承载着为社会培养高素质技术技能人才的重要使命。在数字化转型的推动下，高职院校须紧跟社会经济发展和人才培养的新需求，积极构建适应数字时代、服务终身教育的新型教育体系。这一体系旨在提供更高质量、更加公平与包容的教育，支持开放教育乃至终身教育，努力营造一个"人人皆学、处处能学、时时可学"的学习型社会。

　　《数字中国发展报告（2023年）》显示，2023年，我国数字经济核心产业增加值占国内生产总值（GDP）比重达到9.9%，电子信息制造业增加值同比增长3.4%；电信业务收入1.68万亿元，同比增长6.2%；互联网业务收入1.75万亿元，同比增长6.8%；软件业务收入12.33万亿元，同比增长13.4%。以云计算、大数据、物联网等为代表的新兴业务收入逐年攀升[1]。

---

1 数字中国发展报告（2023年）正式发布[EB/OL].（2024-06-30）[2025-04-20]. https://www.nda.gov.cn/sjj/ywpd/sjzg/0830/20240830180401077761745_pc.html.

不难看出，数字化生活日益成为中国社会的重要生活方式，同时也催生出很多新职业。在快速变化的社会环境下，劳动者需要具备跨领域的知识和技能，以及持续学习和适应变化的能力，才能紧跟社会前进的步伐，应对各种工作挑战。高职教育应面向学生的终身发展，培养学生的自主学习能力，塑造学生的创造性人格，提升学生的隐性学习质量，使学生更好地领悟学习内容中的情感，深化对知识的理解。

因此，高职院校在提供职业教育和技能培训时，必须注重培养学生的持续学习能力、适应能力，以及团队合作和跨学科合作的能力。教育数字化转型为高职院校实现这一目标提供了有力支持。数字化转型不仅促进了高职教育全要素的高效协同，还为劳动者提供了一个优质、长效的育人环境。高职院校通过构建互联互通的高质量终身教育体系，采取职业指导、创新创业教育、继续教育等多种途径，为劳动者提供个性化的学习和发展机会，帮助他们提升综合素质和职业适应性。在数字化转型的浪潮中，高职院校应主动承担起扩大教育覆盖、促进终身学习的社会责任和价值，通过提供多样化、个性化的教育服务，高职院校可以帮助劳动者在职业生涯中不断成长和发展，为社会各领域输出更多高素质技术技能人才。同时，高职院校还应积极探索与产业界的深度融合，推动产学研用一体化发展，为产业升级和经济社会发展提供有力的人才支撑和智力支持。

6.1 职业视野

6.1.1 职业规划

1. 数字化职业认知重构

数字化浪潮正以指数级速度重塑职业认知的底层逻辑。随着技术技能"半衰期"的不断减少，意味着传统意义上"一技傍身"的职业认知模型完全失效。在这场认知革命中，职业能力的解构与重组呈现出三个维度的范式迁移：技术融合催生的职业能力重构、职业形态突破岗位边界以及决策机制的数据化转向。

技术聚合效应催生了职业能力的重组与进化。现代职业场景中的能力构成已突破传统分类边界，呈现出跨领域融合的特征。在制造业数字化转型进程中，机械原理、信息技术与数据分析等原本割裂的知识体系正形成新的能力组合，这种复合型技能结构使从业者能够应对智能化生产线调试、工业物联网系统维护等复杂任务。原有技能认证体系的有效性面临挑战，数字孪生建模、边缘计算部署等新兴能力模块的评估标准亟待建立，这反映出职业能力评价体系与产业实际需求之间存在的结构性错位。市场对新型能力价值的认可已直观体现在人才供需关系中，掌握智能系统运维等复合技能的专业人才在职业发展通道中展现出显著竞争优势。

职业形态的变革正突破传统岗位定义的边界。随着智能技术的深度应用，岗位职能的更新周期大幅缩短，既催生出智能制造协调员、工业大数据分析师等新兴职业，也推动着传统职业的内涵发生质变。设备维修人员的工作重心从故障排除转向预测性维护系统优化，质量检测专员的工作界面延伸至全流程数据监控。这种持续性的职业形态演化，要求从业者必须具备动态更新知识体系的核心能力，形成适应技术变革的认知升级机制。

职业决策机制的范式迁移，标志着人力资本配置进入算法驱动时代。基于千万级职业行为数据的智能评估系统，正在颠覆霍兰德职业兴趣模型的经验主义传统。新一代认知工具通过解析学习轨迹、项目协作模式、技术敏感度等多个隐性指标，可预测个体在数字化转型中的适应性概率。这种评估机制的进化重构了职业发展路径，使用智能决策系统的从业者，能提高职业转换的成功率，这本质上是数据算力对经验判断的超越。决策机制转型更深层的意义在于，重构了职业能力的评价维度，数据分析能力、系统思维能力和人机协同能力正在成为新型职业素养的核心要素。

数字化职业认知重构的终极目标，是培育具有技术驾驭力与认知进化力的新型劳动者。这种进化不是被动的技能追赶，而是主动参与技术伦理建构、创新范式设计的过程。当职业教育成功将认知更新机制植入人才基因，劳动者将不再是被技术替代的客体，而是驱动数字文明演进的主体力量。这种主体性的确立，正是人才可持续发展命题的深层要义。

2. 职业能力动态校准机制

数字技术的快速演进正在重构职业教育的能力培养范式。职业能力动态校准机制作为应对技术迭代的战略响应，其核心在于建立教育系统与产业系统的动态适配关系。该机制通过数据驱动的需求感知、模块化的能力构建、持续性的认证更新三大支柱，形成人力资本与技术发展的同步升级路径。

在能力培养层面，专业技能的构成要素发生结构性变化。以工业互联网运维岗位为例，其能力模型已从单一设备操作演变为包含物理系统维护、数据流分析、虚拟调试、安全规范等的复合型结构。这种转变要求高职教育改革课程设计，将传统三年制课程体系解构为可拆解的能力模块，每个模块对应特定技术单元。当企业引入新型边缘计算设备时，教学系统快速完成对应模块的更新迭代，类似软件系统的版本迭代机制。

职业资格认证体系也在发生深刻变化。传统的一证管终身模式已经不合时宜，新型"1+X"认证体系应运而生，其中"1"是基础能力认证，"X"是动态更新的专项技能认证。例如，某智能制造企业的设备运维岗位，要求从业人员同时持有机电基础证书和年度更新的工业互联网安全证书，形成核心能力稳固、专项能力流动的认证结构。

面对技术快速迭代的挑战，预警机制变得尤为重要。高职教育需要建立技术替代风险的预警系统。通过分析行业大数据，预判哪些岗位可能被人工智能取代。某职校的实践表明，提前12个月调整专业方向，能使毕业生就业率提高近四成。这种预警机制的关键，在于教会学生"抗淘汰"的核心能力——比如快速学习新技术的方法，或者在不同岗位间迁移技能的本领。

3. 终身职业规划模型

在数字化转型的浪潮中，职业发展的逻辑正经历根本性重构。终身职业规划模型的核心突破，在于将传统"阶段式成长"转变为"持续性进化"，其本质是建立个体与技术生态的动态共生关系。这一模型通过系统性设计，使从业者能够主动适应技术迭代的节奏，在数字产业链中构筑可持续的职业发展路径。

技术栈迭代路线图是终身职业规划的基础架构。随着数字技术更新周期持续压缩，职业能力的半衰期显著缩短。从业者需以技术栈为核心框架，形成动态更新的知识体系。例如，工业互联网领域的技术栈已从早期的设备联网、数据采集，逐步演化为包含边缘计算、数字孪生、人工智能决策的复合体系。职业规划的关键在于识别技术栈的演进方向，建立核心技能模块的更新机制。这种更新并非简单的知识叠加，而是通过技术架构的重组实现能力跃迁——保留底层逻辑思维能力，迭代上层应用技术，形成类似"操作系统升级"的进化模式。教育体系在此过程中需提供模块化学习路径，使从业者能够根据产业技术路线图的调整，每 18～24 个月完成一次技术栈的定向更新，确保职业能力始终处于技术前沿的辐射范围内。

职业生态位理论为终身规划提供了战略视角。数字产业链的深度解构与重组，催生出大量新兴价值节点。从业者需突破传统岗位的边界认知，在技术生态中寻找具备独特性的功能定位。以智能制造领域为例，单纯的设备操作岗位正被机器视觉工程师、产线数字孪生架构师等复合型角色取代。职业生态位的构建需要双重能力支撑：一是技术穿透力，即透过表层工具掌握底层技术原理；二是价值洞察力，即识别产业链中技术耦合产生的价值盲区。这种定位策略使从业者既能避免被标准化技术替代，又能通过创造性的技术整合形成竞争优势。教育机构在此过程中需重构能力培养框架，将单一技能训练升级为技术生态认知培养，帮助学习者建立"技术链—价值链"的双重映射思维。

个人数字资产库的构建正在重塑职业信用体系。在数字化工作场景中，代码仓库、项目日志、技术文档等数字痕迹已超越传统学历证明，成为衡量职业能力的重要依据。这种资产库不仅是技术能力的具象化呈现，更构成了新型职业信用基础设施。例如，区块链技术的应用使项目贡献可追溯、可验证，GitHub 等平台的代码提交记录成为开发者能力的权威背书。职业规划的关键转向如何系统化积累、结构化展示这些数字资产，使其形成可迁移、可增值的能力凭证。教育体系需同步革新评价机制，将离散的技能认证转化为数字资产组合管理，帮助从业者建立技术贡献的全程追溯体系。更为重要的是，这种资产库能够突破组织边界，使职业价值在更广阔的技术生态中实现流动与增值。

终身职业规划模型的深层价值，在于将技术变革压力转化为职业进化动力。当从业者掌握技术栈的动态更新能力、确立不可替代的生态位、构建可验证的数字资产体系时，职业发展便从被动适应转向主动引领。这种转变要求职业教育突破传统的时间边界与空间限制：在时间维度上，建立覆盖职业全周期的能力支持系统；在空间维度上，打破校园与企业的物理区隔，构建技术生态协同育人机制。数字孪生、元宇宙等新兴技术的教育化应用，正为这种全息化培养模式提供技术支撑，使职业能力的迭代更新与产业技术发展形成闭环反馈。

该模型的实践意义在于重构职业发展的底层逻辑，不再将职业视为静态的位置占有，而是作为技术生态中的动态过程，不再依赖单一组织的晋升通道，而是通过技术能力的持续增值实现多向度发展。这种范式转变要求个体、教育机构、产业组织形成新的协同关系：个体承担能力进化的主体责任，教育系统提供技术认知框架与更新工具，企业则转化为技术能力的验证场与增值平台。唯有通过三者的深度耦合，才能在技术快速迭代的数字经济中实现真正的人才可持续发展。

6.1.2　数字伦理

1. 技术向善的认知构建

数字化转型进程中，技术伦理的认知构建正成为职业教育不可回避的必修课。当人工智能算法渗透至招聘系统、数据采集设备遍布城市空间时，技术工具的中立性假象已被现实击碎——算法偏见可能固化社会不平等，隐私泄露可能摧毁人际信任，技术失控可能引发系统性风险。高职教育作为技术应用型人才的孵化基地，亟须在专业能力培养中植入伦理基因，使技术开发者兼具社会洞察力，让工具理性与价值理性在数字时代重归统一。

技术伦理教育的首要任务是解构工具表象下的价值负载。以人脸识别技术的教育解析为例，其教学重点不应局限于图像识别算法的代码实现，而需深入揭示技术应用中的伦理张力：当校园考勤系统无感采集生物特征时，数据存储的安全边界如何界定？当公共空间部署智能监控时，个人隐私权与社会治理权的平衡点何在？这种教学转向要求将技术原理课转化为伦理思辨场，引导学习者穿透代码层，审视技术系统与社会结构的交互关系。在此过程中，技术伦理困境的解析需超越个案讨论，转而建立系统化的认知框架——从数据采集的知情同意机制，到算法决策的可解释性设计，再到技术后果的社会影响评估，形成贯穿技术生命周期的伦理审视能力。

双视角决策能力的培养是技术向善落地的关键枢纽。传统技术教育往往聚焦功能实现的技术最优解，而伦理教育则要求叠加社会影响的最优解。这种双重维度的决策训练，需在项目实践中具象化为可操作的方法论。例如，在开发智能客服系统时，除自然语言处理模型的准确率提升外，还需同步评估对话逻辑是否隐含性别刻板印象、用户数据是否遵循最小必要原则、服务中断是否留有人工介入通道。为支撑这种复合型决策，职业教育需要建立数字产品伦理评估清单，将抽象的伦理原则转化为具体的技术指标。该清单可涵盖数据伦理、算法公平、系统透明、社会价值四个维度，每个维度下设可验证的评估条目，如数据采集是否遵循"告知-同意"双轨制、算法训练集是否覆盖多元群体特征、决策逻辑是否具备可视化解释模块等。通过将伦理要求工程化为开发规范，使技术向善从理念倡导转化为可执行的技术标准。

数字公民责任框架的引入，则为技术伦理认知提供了价值传导路径。这一框架的构建需突破技术伦理的个体化认知，转而建立从代码规范到社会价值的责任链路。在高职教育场景中，这意味着将代码质量管控与数字社会责任相连接：一段未经验证的机器学习代码，可能导致就业市场的性别歧视；一行存在漏洞的物联网协议，可能成为城市基础设施的攻击入口。责任教育的深化需依托技术开发全流程的伦理映射，使学生理解技术动作与社会效应的因果关联。例如，在工业互联网安全教学中，防火墙配置不仅关乎技术系统的稳定性，更涉及生产安全、经济秩序乃至国家安全。这种责任意识的培养，需要建立"微观技术行为—中观系统功能—宏观社会影响"的三层认知模型，使学习者在编写每行代码、设计每个功能模块时，都能自觉评估其技术决策的社会价值权重。

技术向善的认知构建最终指向数字时代公民素养的重塑。当高职教育将伦理维度纳入人才培养标准时，技术应用者便不再是价值中立的工具操作者，而是兼具技术能力与伦理判断的数字公民。这种素养的培育需要突破传统德育的抽象说教，转而构建"技术认知—伦理分析—责任践行"的连贯培养链条。在智能设备开发课程中，学生既需掌握传感器融合技术，也要学会设计隐私保护方案；在数据分析实训中，既要精通机器学习算法，也要理解偏见修正机制。这种教育模式的深层意义在于，它使技术伦理不再外在于专业能力，而是内化为职业素养的有机组成，形成"用技术解决问题"与"以伦理约束技术"的双向制衡。

当前，技术向善的教育实践正面临现实挑战。技术迭代速度与伦理认知滞后的矛盾、商业利益驱动与社会价值追求的冲突、个体技术行为与集体社会后果的脱节，都考验着高职教育体系的重构能力。突破这些困境需要建立技术伦理的动态更新机制，将伦理教育内容与前沿技术发展同步迭代；建立跨学科的教学协同机制，使伦理学、社会学教师与技术专业教师形成课程开发共同体；建立虚实结合的责任实训机制，通过模拟技术伦理冲突场景，培养学习者的价值判断与决策能力。唯有通过系统化的教育设计，才能使技术向善从理念转化为行动，从个体认知升维为行业共识。

数字伦理教育的终极目标，是培育兼具技术锐度与人文温度的数字公民。当技术开发者能自觉审视算法中的公平性、在代码层植入隐私保护基因、在系统设计中预留人性化接口时，技术工具才能真正成为社会进步的推动力。这种教育转型不仅关乎职业人才的能力结构升级，更是在数字文明时代重建技术与人性的和谐关系——让技术进步始终行驶在价值的轨道上，使数字化的洪流涌动向善的力量。

2. 行业合规能力培养

在数字化转型的纵深地带，合规能力已成为技术人才的核心竞争力。当数据成为生产要素、算法介入决策系统时，技术应用的合法性边界直接决定着创新的社会价值。高职教育的使命，正从单纯的技术能力传授转向"技术-法律-商业"三重合规素养的培育，使人才既能驾驭数字技术的强大动能，又能精准锚定其价值坐标，确保技术创新始终运行在法治与伦理的轨道之上。

行业合规教育的逻辑起点在于建立技术法规的系统认知框架。全球数据治理格局的快速演变，要求技术人才必须理解法律规制与技术发展的动态平衡关系。以 GDPR（General Data Protection Regulation，通用数据保护条例）的教学为例，其重点不应局限于条款记忆，而需揭示条例背后的治理哲学——如何在数据流通价值与个人权利保护间建立平衡支点。教学中需引导学生透视法律文本的技术映射：数据最小化原则对应着系统架构设计中的字段精简策略，被遗忘权条款倒逼着数据结构中删除机制的优化，跨境传输规则影响着云计算部署的地理节点选择。这种"法律—技术"的双向翻译能力，使学习者能够预见技术方案的法律风险，在系统设计阶段即植入合规基因。

合规工具的实践训练是能力落地的关键环节。数据脱敏处理技术的教学，需突破传统的数据安全认知，将其升维为隐私计算体系的核心组件。在医疗数据分析实训中，学生不仅要掌握泛化、置换等基础脱敏技术，更需理解差分隐私框架如何在保证数据可用性的前提下防范重识别攻击。这种训练使技术操作超越工具层面，上升为数据伦理的实践表达——通过技术手段实现"可用不可见"的数据处理原则。区块链存证技术的应用教学则需聚焦合规验证场景，引导学生设计包含时间戳锚定、哈希值固化、节点分布式验证的完整证据链方案。例如，在电子合同签署系统开发中，区块链存证不仅作为技术选项存在，更承担着满足《电子签名法》合规要求的关键功能。通过将法律要件转化为技术参数，学习者逐渐掌握"用技术证明合规"的方法论，形成可审计、可验证的技术实施方案。

"法律-技术-商业"三角决策模型的构建，标志着合规能力培养的范式升级。该模型要求技术决策必须同时满足法律约束、技术可行性与商业可持续性的三重验证。以自动驾驶伦理算法设计为例，单纯追求技术突破可能忽视《中华人民共和国道路交通安全法》的责任认定规则，片面强调法律合规可能制约技术创新空间，过度倾向商业利益可能引发公共安全风险。教学中需创设多目标决策场景，引导学生寻找三者关系的平衡点。

行业合规能力的深层价值，在于构建技术创新与文明秩序的对话机制。当技术人才能够自觉将法律规制转化为技术约束条件、将伦理要求编码为系统运行规则时，数字技术的发展便获得了可持续的社会认同基础。这种能力的培养需要高职教育体系实现三重突破：在知识结构上，构建跨法学、计算机科学、管理学的复合课程模块；在教学方法上，采用合规沙箱模拟、法规代码化等新型训练手段；在评价标准上，建立涵盖法律符合度、技术实现度、商业合理性的三维评估体系。例如，在智能客服系统开发实训中，考核指标既包含对话系统的准确率，也需评估隐私政策嵌入的完备性，同时考量运营成本与合规投入的平衡性。

当前，行业合规教育正面临技术迭代加速与法规体系完善的"双重挤压"。Web3.0技术的去中心化特征与传统监管框架存在张力，生成式AI的内容生成机制与知识产权保护形成冲突，元宇宙的数据采集方式与隐私权边界尚待厘清。应对这些挑战，高职教育需建立动态响应机制：开发合规性自动化检测工具，将法规条文转化为可嵌入开发流程的校验规则；搭建校企协同的合规实验室，在技术研发初期导入法律顾问与商业分析团队。这种教育模式的进化方向是使合规能力不再滞后于技术创新而是成为引导技术进化的前置导航系统。

行业合规能力培养的终极目标，是培育具有规则塑造力的数字公民。当技术开发者能主动参与标准制定、当系统架构师能预判立法趋势、当产品经理能平衡商业价值与社会效益时，高职教育便完成了从合规遵循者到规则参与者的角色蜕变。这种能力不仅保障着技术应用的合法性，更蕴含着推动数字文明演进的可能性——在数据要素市场化配置中建立公平的交易规则，在人工智能普及过程中守护人的主体性地位，在虚实融合的数字化进程中构建包容的技术生态。唯有如此，数字化转型才能真正成为文明进步的阶梯，而非失控的科技狂飙。

3. 可持续发展思维培养

数字化转型浪潮中，技术伦理的疆域正从人文价值向生态责任延伸。可持续发展思维的培养，标志着高职教育开始正视数字技术的"环境基因"——技术工具既可能成为生态优化的杠杆，也可能沦为资源耗竭的加速器。这一认知转向要求高职教育必须超越功能实现的单一维度，在人才培养中植入"环境-经济-社会"三重底线的决策框架。

数字技术碳足迹的测算与管理能力，是可持续发展思维的基础维度。云计算、区块链等数字基础设施的指数级增长，已使 ICT（Information and Communications Technology，信息与通信技术）行业的碳排放占比攀升至全球总量的 2%-4%，倒逼高职教育必须将碳核算能力纳入技术素养体系。在教学实践中，需引导学生理解技术方案的环境成本：一次大规模数据迁移的能源消耗、一个分布式节点的散热需求、一段智能合约执行产生的算力损耗，都应成为技术决策的考量参数。例如，在云计算中心能耗优化项目中，学生不仅需要掌握虚拟化资源调度技术，还需学习电能使用效率的测算方法，通过冷却系统 AI 调控、负载动态均衡等策略，将绿色计算理念转化为可落地的工程方案，将"不可见"的碳足迹转化为可量化、可优化的技术指标，使学生在技术创新的起点即建立生态成本意识。

绿色 IT 认证体系的构建，推动可持续发展思维向产业实践渗透。电子废弃物回收流程的数字追踪系统开发教学，需突破传统环保理念的宣导模式，转而建立"技术-制度-市场"协同作用的闭环思维。学生在项目中需设计涵盖电子元件标识、流转路径追溯、材料回收认证的全链条数字化方案，利用物联网技术实现废弃设备从回收到再生各环节的数据贯通。这种训练的价值在于揭示技术系统的环境责任边界：一个合格的开发者不仅应关注代码效率，还需理解产品全生命周期的生态影响。当学生学会在 PCB 电路板设计中预置可拆卸模块、在软件架构中预留回收信息接口时，可持续发展思维便从抽象理念转化为技术基因，驱动绿色创新从合规性约束升维为竞争力要素。

社会创新项目的孵化实践，则拓展了可持续发展思维的人文向度。教育的终极价值不仅在于解决已有问题，更在于通过创新重新定义发展范式。在残障群体公共服务设施改造项目中，AR 导航技术的应用开发教学需超越技术适配性的讨论，深入技术普惠性的价值重构。学生需在技术方案中平衡多重目标：如何在定位精度与设备成本间寻找普惠点，如何在信息呈现方式与感知障碍特征间建立适配性，如何在技术创新与社会接纳间铺设过渡路径。这种多维度的设计思维训练，使学生理解可持续发展不仅是环境议题，更是技术民主化的进程——当数字技术能够为视障人群重建空间认知、为老年群体破除数字鸿沟时，技术创新便实现了从效率优先向包容性发展的范式跃迁。

当前，可持续发展教育的深化面临现实张力。技术迭代的短期功利性与生态效益的长期性之间存在矛盾，绿色创新的高成本特征与市场竞争的价格敏感度形成冲突，社会包容的技术理想与商业模式的可持续性也需平衡。破解这些困境需要高职院校构建新型教育生态：建立跨学科的技术伦理教研室，整合环境科学、社会学与信息技术领域的教学资源；开发虚实融合的可持续发展沙盘系统，模拟技术决策的生态影响传导路径；搭建产教协同的绿色技术转化平台，使校园创新成果能够直通产业低碳转型需求。这种教育模式的进化方向是使可持续发展思维从外部的约束条件，内化为技术创新的内生逻辑。

数字时代的技术伦理教育，正在通过可持续发展思维的渗透完成价值升维。当云计算中心的能耗优化方案能同时降低企业的运营成本，当电子废弃物的数字追踪系统可转化为新的商业增长点，当残障人群服务技术能开辟出蓝海市场，可持续发展便不再是技术发展的限制条件，而成为创新突破的策源地。这种认知转变的深刻意义在于，它重新定义了技术教育的使命——培养既能驾驭数字力量又能守护文明根基的"技术人文主义者"。

唯有如此，数字化转型才能真正实现发展逻辑的质变：从掠夺式增长转向再生性进化，从零和竞争转向共生共创，使技术进步成为人与自然、人与社会、代际之间的和谐纽带。

6.1.3　课外实践

在培养技术技能人才方面，高职教育不仅要聚焦于学生的学业成绩和技术能力等显性质量，更应重视创新意识、沟通能力、团队合作能力等隐性质量的培育。这些隐性质量是学生在毕业后持续学习、适应新技术、适应社会变化需求的关键所在。

丰富课外实践是课堂教学的有效延伸，也是高职教育人才培养的又一主阵地，可以最大限度满足"分层次、分类别、分阶段"的培养需求，基于学生个体差异，实现全面培养、长效发展的育人目标。

1. 教学外延至第二、第三课堂

组织企业参观，让学生亲身接触行业现状，目睹企业数字化转型实践中落地的状况，从而更好地认识企业数字化转型的实际需求和应用问题，通过对企业职业文化的了解，确立职业目标、规划，无形中也促使其提升职业技能和关键能力。高职院校邀请企业的专业人士或行业专家开设讲座，让学生与从业人员进行面对面的交流和互动，了解行业领域前沿技术和发展前景，拓宽专业视野。高职院校还可以鼓励学生参与学术社团、科技创新竞赛等活动，提供展示和交流的平台，激发学生的学习热情和求知欲望。高职教育应提供多样化的持续学习机会和资源及应用场景。学生社团不但可以营造校园氛围、培养学生兴趣、丰富课余生活，而且可以活动为载体培养学生的综合能力。学校也应鼓励教师开设各类非专业类或专业类的社团，参与课外人才培养，在实践过程中给予学生指导和引导，有针对性地培养道德伦理和职业道德意识，努力塑造有社会责任感的技术专业人才。目前，高职教育中存在的"优质数字资源相对不足""教师数字素养与数字胜任力有待提升""学生培养方式有待改进"等问题，一定程度上阻碍了教

育质量的提升。高职院校通过建立丰富的图书馆资源、电子数据库和在线学习平台，供学生自主学习和获取相关资料。这样的学习机会和资源能够拓宽学生的知识视野，培养他们主动探索和学习的习惯。

高职教育在可持续发展的背景下，应鼓励学生主动学习，并提供持续学习的机会和资源，培养他们的学习能力和自主发展能力，以适应数字化转型中技术发展的变化，通过营造积极主动的学习氛围、提供多样化的学习机会和资源，以及培养学生的学习能力和自主发展能力，高职教育可以使技术技能人才具备持续学习和适应变化的能力，为可持续发展做出积极贡献。

2. 鼓励学生积极参与各类学科竞赛和认证考试

学科竞赛和认证考试为学生提供了一个展示自身技能、深化专业理解和掌握最新技术趋势的平台。学科竞赛通常紧密结合行业企业的最新发展，要求学生运用所学知识解决实际问题，这不仅锻炼了学生的实践操作能力，还促进了学生对理论知识的深入理解。而认证考试则通过量化评估学生的知识和技能，帮助学生系统性地复习和巩固所学内容，进一步提升其专业素养。高职院校应积极为学生搭建参与学科竞赛和认证考试的平台，提供必要的支持和指导，包括向学生介绍竞赛和考试的相关信息，提供学习资源、指导材料和学习建议，以及为学生提供心理辅导和职业规划指导。通过这些措施，高职院校可以帮助学生更好地准备和参与竞赛和考试，从而推动学生未来的就业和职业发展。

同时，在数字化课程资源建设过程中，高职院校应充分考虑社会培训要求，如"1+X"证书要求，将其融入课程建设中来，有助于学生获得个人职业生涯发展所需要的综合能力，提升其在就业市场上的竞争力。此外，高职院校还可以依托校内课程资源，为行业企业开发各类培训类数字化课程资源包，以满足企业对于人才培养的需求。

3. 生产实践与创新应用

在高职教育中，生产实践与创新应用不仅是学生技能培养的重要环节，更是学生适应未来职场、具备竞争力的重要基石。高职院校通过与企业、行业组织紧密合作，共同开展产学合作项目，为学生提供了宝贵的学习资源和实践机会。基于企业实际生产运营中遇到的问题或需求，学校与企业共同开发实训项目和创新项目，把学生分成不同的小组，每个小组负责一个可持续发展项目。他们可以深入企业了解实际需求，结合自身专业知识和技能，设计并实施相应的解决方案。在项目的实施过程中，学生将面临各种挑战和问题，需要运用创新思维寻找解决方案。通过团队合作，积极思考和探索，不断尝试和改进。学生在这样的项目案例中，可以直面工作生产的挑战，全程参与从调研、计划到实施的各个环节。这不仅让学生应用和拓展所学知识和技能，解决实际工作中的难题，更使他们在未来的职业生涯中具备与实际工作相匹配的技术技能，增强竞争力和适应能力。

在项目实施过程中，教师充当了学生与企业之间的桥梁，通过纵横向项目带领学生深入研究某个领域的问题，协调资源、分享经验、引导思考和解答疑问，帮助学生适应实际工作环境，不断改进并提升能力，鼓励学生运用所学知识和技能进行创新性设计、试验和研究，同时教师榜样的示范和引导，向学生传递正确的价值观念，培养了学生积极向上的人生观和价值观。这样的过程不仅能激发学生的兴趣和创造力，更能促进他们在实践中探索和运用创新思维解决难题，培养主动获取新知识和迁移创新的能力。

此外，企业数字化转型强调多学科领域的知识和专业能力相互融合，通过跨学科合作来寻求解决方案，因此，有必要鼓励学生进行不同学科间的交流合作，让他们学会倾听和理解他人观点，深入了解其他学科的理论和方法，并在实践中运用和整合这些知识，与其他专业人员形成良好的协作关系，以适应数字化转型带来的挑战和机遇。

6.2　继续教育

继续教育是在完成学校教育之后，所有社会成员通过不同的学习方式，在社会和工作中不断学习、提升自己的能力和知识水平的教育活动，作为终身学习体系的关键组成部分，对于社会成员在学校教育后持续提升自身能力和知识水平具有不可替代的作用。特别是在企业数字化转型和教育数字化转型的大背景下，继续教育的需求日益凸显。企业数字化转型是一个不断发展和变化的过程，涉及新技术的应用、业务模式的变革以及组织文化的转变，因此，技术提升与产业发展并行是满足未来社会对劳动者职业能力的基本要求。另一方面，随着教育数字化转型深度渗透，高职教育培养对象不仅限于应往届初中、高中毕业生，还将逐渐覆盖失业人员、在职人员及其他社会人员。为了满足不同类型学习者不同阶段的学习需求，高职教育需不断优化教育体系，实现职业教育、普通教育、成人教育等不同类型教育之间互相贯通。

6.2.1　教育方式

数字化转型正在重塑继续教育的生态格局，传统教育方式在技术赋能的推动下，逐渐演变为适应数字时代特征的终身学习体系。从函授教育的纸质函件往来，到网络教育的即时交互，从自学考试的标准化测评，到开放大学的资源共享平台，技术革新不断突破教育供给的时空边界，重构学习者的认知模式与能力发展路径。这种演变不仅是教学媒介的升级迭代，更是教育理念从"知识传递"向"能力生长"的深层变革，为职业人才的可持续发展提供了弹性化的成长通道。

在高职教育中，继续教育的主要实施方式包括以下几种：

1. 函授教育

函授教育作为远程教育的初始形态，是成人高考的　种学习形式，通过国家统一的成人高考进行选拔。考生须达到高校分数线，方可被录取，并享受国民教育系列待遇，国家承认学历。函授教育包括专升本、高起点升专科和职教本科等形式，为不同层次的求学者提供学习机会。

早期的函授模式依赖纸质教材邮寄与书信答疑，其单向传播特性与滞后反馈机制难以满足现代职业人群的即时学习需求。数字化转型为其注入新动能：邮政系统被云端存储替代，纸质讲义转化为数字微课，书信答疑升级为智能答疑系统。这种转变使函授教育突破物理限制，形成"在线课程+异步指导"的混合模式。学习者可随时调取结构化的知识模块，通过智能诊断系统识别能力短板，定制个性化学习路径。教师角色从知识分发者转型为学习导航员，利用学习分析技术追踪学员进度，在关键节点提供精准指导。函授教育的数字化重生，保留了其系统化教学的传统优势，同时嫁接了个性化学习的技术基因，成为职业继续教育的基础支撑。

2. 网络教育

网络教育是一种基于计算机技术和网络通信技术进行知识传输和学习的教育形式，打破了传统教育的时空限制。学生无须到特定地点上课，可根据自身情况随时随地进行学习。网络教育招生对象广泛，不受年龄、先前学历和专业的限制，为社会成员提供了学历提升的机会。

网络教育的崛起标志着继续教育进入深度交互时代。初期网络课程多将传统课堂简单数字化，存在内容同质化、交互浅层化等局限。新一代网络教育平台通过多重技术突破，构建起立体化学习生态：自适应学习系统能根据学习者认知水平动态调整内容难度，虚拟现实技术可模拟真实工作场景进行技能训练，区块链技术为学习成果认证提供可信存证。这种进化使网络教育从"课程超市"升级为"能力工坊"，学习者既可系统提升专业知识，也可通过微认证体系积累碎片化技能。尤为重要的是，智能推荐算法将海量学习资源与个体职业规划精准对接，使继续教育从"供给驱动"转向"需求牵引"。当制造企业技术员在智能终端学习数字孪生技术时，其学习行为数据实时反馈至教育平台，反向优化课程体系设计，形成"学习-应用-反馈-改进"的闭环生态。

3. 自学考试

高等教育自学考试（自考）是结合个人自学、社会助学和国家考试的高等教育形式。学生须通过所报考专业的全部课程考试，方可申请毕业，没有固定学制，学习方式相对自由。自考对学生的自律性和学习能力要求较高，但也为学生提供了更为灵活的学习路径。

自学考试制度的智能化转型，重构了职业能力认证的底层逻辑。传统自学考试依赖统一大纲与标准化试卷，难以准确评估实践能力与创新思维。数字化改革推动其向能力本位评估进化：基于大数据的工作任务分析，可精准识别行业能力标准；人工智能辅助的实践测评系统，能对操作流程进行实时纠偏；情感计算技术可捕捉学习者的非认知能力发展。这种转型使考试不再是学习的终点，而是能力诊断的节点。例如，在智能制造领域，自学考试系统可模拟智能产线故障场景，要求考生通过数字孪生系统进行问题排查与工艺优化，其决策逻辑与操作路径被全程记录分析，既检验专业技能，又评估系统思维与应变能力。这种智能化测评不仅提升认证信效度，更为学习者提供能力提升的精准路标。

4. 开放大学

开放教育强调以学生为中心，取消和突破了对学习者的限制和障碍。学生对课程选择、媒体使用以及学习方式、进度、时间和地点等方面拥有一定的自主权。开放大学为有志于学习的社会成员提供了灵活多样的学习机会，满足了不同人群的学习需求。

开放大学的平台化发展，标志着继续教育进入资源整合新阶段。开放大学作为终身学习的枢纽节点，正从实体机构演变为数字教育资源的集成平台。其核心功能从课程供给转向生态营造：通过学分银行体系实现多源学习成果的积累与转化，利用云计算整合高校、企业、行业协会的优质资源，借助混合现实技术创建虚实融合的学习社区。这种平台化转型打破了教育资源的机构壁垒，使学习者能够自由组合高校理论课程、企业实训项目、行业认证培训，形成独特的"教育拼图"。当跨境电商从业者通过开放大学平台学习国际贸易理论、参与虚拟仿真通关实训、考取数字营销师认证时，其学习轨迹自然形成职业能力图谱，为可持续发展提供清晰的能力坐标。

教育方式的数字化转型，本质是继续教育价值链条的重构。技术手段的革新推动教育要素重新配置，教师从知识权威转变为学习伙伴，教材从静态内容进化为动态知识网络，教室从物理空间拓展为虚实融合的体验场域。这种变革产生的深层影响在于，它使继续教育从学历补偿工具升维为职业发展的永续引擎。制造业工程师通过增强现实技术进行设备维护训练时，其习得的不仅是操作技能，更是适应技术迭代的元能力；服务业从业者参与智能客服系统培训时，掌握的不仅是软件操作，更是人机协同的思维模式。这些能力要素的持续积累，构成了数字时代职业人才的核心竞争力。

数字技术驱动的教育方式革新，正在书写继续教育的新范式。当函授教育的系统性与网络教育的灵活性深度融合，当自学考试的严谨性与开放大学的包容性相辅相成，继续教育便突破了传统模式的局限，形成支撑终身学习的立体化架构。这种进化不仅重塑了个体的能力发展轨迹，更在宏观层面推动着人力资源供给的结构性优化——使职业人才的技能更新速度与技术变革节奏同频共振，为经济转型升级提供持续动能。在数字文明时代，教育方式的持续创新将继续演绎着这个永恒主题：如何让每个职业者都能在技术洪流中锚定发展坐标，永葆成长活力。

6.2.2 实施路径

数字化转型浪潮冲击下，继续教育已从传统补充性教育升维为职业人才可持续发展的核心支撑。其实施路径的构建需突破单向知识传递的固有模式，转而建立"需求牵引-技术赋能-生态协同"的立体化框架。这一框架既要回应产业升级对人才能力结构的动态需求，又需借助数字技术重塑教育供给方式，更要在教育生态层面实现多方主体的价值共创，最终形成职业能力迭代与社会经济转型的同频共振机制。主要路径如下：

1. 立足职业特色，契合经济发展

高职院校继续教育是职业教育的延伸和拓展，应面向社会经济发展，进一步发挥自身的办学优势，快速对接行业企业岗位，强化实践技能人才输出。继续教育需摆脱"学科中心"的惯性思维，建立"产业需求-职业能力-教育供给"的传导链条。当前,制造业智能化升级催生"数字工匠"需求,服务业数字化转型呼唤"人机协同"能力,新兴产业爆发式增长要求"跨界复合"素养。这些变化倒逼继续教育体系建立动态响应机制:通过产业人才需求监测系统捕捉岗位能力变迁趋势,借助职业能力图谱技术解析技能要素组合规律,运用教育神经网络的算法模型预测未来能力缺口。例如,当工业互联网技术渗透至传统制造领域时,继续教育需同步调整课程体系,将设备数据采集、边缘计算应用、产线数字孪生等新兴技能模块嵌入培训项目。这种动态适配能力的核心,在于构建教育供给与产业需求的"量子纠缠"关系——产业发展中的每一个技术涟漪,都能在教育体系中激发出对应的能力培养波纹。

2. 拓宽教育路径,加强机制建设

传统继续教育受限于时空条件与师资配置,难以满足大规模、个性化的学习需求。数字化转型为此提供破题思路:通过构建"云-边-端"协同的教育基础设施,将优质资源辐射至产业一线;利用区块链技术建立学分银行体系,实现学习成果的跨机构认证与积累;依托智能合约技术开发弹性学制系统,支持"学习-工作-再学习"的循环模式。这些技术手段的融合应用,使教育路径从单一通道拓展为立体网络——产业工人可通过移动终端随时接入虚拟仿真实训,管理人员能在混合现实场景中参与领导力沙盘推演,技术专家可借助数字孪生平台开展跨地域协同研发。这种教育生态的进化方向,是从"有限供给"走向"无限连接",使每个职业者都能在数字空间中构建个性化的能力发展坐标系。

高职院校作为继续教育实施的主体,将继续教育纳入院校总体发展规划,与职业教育同频共振、协同发展;健全继续教育激励机制,成立专门继续教育管理机构,统筹管理继续教育发展,推行"管办分离",加强继续教育监管和评估,确保继续教育健康发展。

3. 创新课程体系,优化教学内容

数字时代的知识半衰期急剧缩短,要求继续教育必须建立"即插即用"

的课程开发机制，以满足学生知识补充、技能提升为目标，重点解决实际生产中的问题。课程设置应突出继续教育特色，避免简单照搬全日制职业教育模式。这需要构建课程组件的微服务架构，将职业能力分解为可独立认证的微技能单元，通过智能推荐算法组合成个性化学习方案；建立课程内容的动态更新机制，将产业界的最新技术标准实时转化为教学素材；开发虚实融合的课程交付模式，使理论讲解与虚拟实操形成认知闭环。在智能制造领域，这种创新体现为"数字主线"课程体系的构建——从产品设计数字化、生产过程智能化到服务运维远程化的完整知识链，通过增强现实技术实现理论知识与工作场景的叠加呈现。教学内容的优化则需遵循"固态-液态-气态"的转化逻辑：将稳定的基础原理固化为知识图谱，将流动的技术规范转化为动态更新的数字资源包，将隐性的实践经验升华为可迁移的方法论模型。

4. 借力智慧教育，支持终身学习

继续教育的数字化转型不应停留于教学手段的电子化替代，而需利用智慧教育技术构建开放的继续教育服务平台，提供形式多样、内容多元的在线学习资源，构建"感知-认知-决策"的智能教育系统，满足学习者随时随地学习的需求。自适应学习引擎能根据学习者的认知特征与工作场景，自动生成最佳学习路径；情感计算技术可识别学习过程中的情绪波动，及时调整教学策略；数字孪生技术能构建虚拟工作环境，支持技能训练的无限次试错。这些技术集成的智慧教育平台，本质上是在数字空间构建职业能力的"训练场"与"试验田"。当人工智能导师能够模拟不同指导风格，当虚拟现实设备可以还原高危操作场景，当大数据分析能够预测职业发展瓶颈时，继续教育便突破了传统培训的效能天花板，使终身学习成为贯穿职业生涯的"能力加油站"。

通过探索混合学习模式，结合线上线下教育优势，提高学习兴趣、效率和效果；构建反映学习者个性特征的学科知识图谱、阶段能力图谱、行业技能图谱，为学习者提供个性化指导；拓展开放教育乃至终身教育空间，

打造虚拟的学习空间、交流空间，实现跨时空的人机交互与人际交互。

5. 深化校企合作，开展岗位培训

数字化转型背景下的校企协同已超越简单的实习基地共建，进化为"教育-产业"共同体构建。高职院校应与企业紧密合作，共同设计和实施针对性的岗位培训课程，发挥协同育人机制。通过搭建产教融合云平台，企业实时导入生产现场数据作为教学资源，教育机构输出技术创新方案反哺产业升级。在新型合作模式中，企业技术专家通过全息投影开展远程教学，学校教师深入车间参与技术攻关，生产设备运行数据转化为教学分析案例。这种深度交融使岗位培训从"事后补救"升级为"前瞻培养"——在量子计算等前沿领域，校企可共建先导性培训项目，使人才储备与技术研发同步推进。

校企合作育人模式下强调工学结合，即学习与实习交替进行，将顶岗实习中累积的经验、疑问和关键能力都带回课堂，有助于学生更深刻地理解理论知识，也为下一次的实习做好准备，充分锻炼了学生理论联系实际的能力，不仅有助于满足企业的实际需求，提高员工的业务水平和综合素质，还能为高职院校教师提供与企业接轨的机会，增强实践教学能力。通过岗位培训，高职院校能够进一步拓宽教育服务领域，增强自身的社会影响力。

实施路径的深层价值在于构建数字时代的职业能力再生系统。当产业工人通过智能终端获取个性化学习方案时，其能力更新周期得以缩短；当管理人员借助商业仿真系统预判市场变化时，其决策能力获得增强；当技术人员使用数字孪生平台优化工艺流程时，其创新思维得到激发。通过数字化转型使继续教育成为职业生命的"操作系统"，持续下载时代需要的能力更新包，及时修补知识结构的漏洞，不断升级职业发展的算法逻辑，满足日新月异的时代变化。

继续教育的数字化转型正重塑职业能力发展的时空维度。当虚拟现实设备将车间搬进课堂，当区块链技术使学习成果全球通行，当人工智能系

统为每个学习者定制成长路线时，职业教育便突破了传统边界，构建起支撑终身学习的数字生态。这不仅关乎教育技术的革新，更预示着人类能力发展模式的根本性变革——在数字技术的赋能下，每个职业者都能获得持续进化的可能，在技术洪流中始终保持竞争力，这正是人才可持续发展的终极要义。

6.2.3 学历提升

在数字化转型的趋势下，学历提升已突破传统文凭的单一功能，演化为职业能力迭代与个人发展跃迁的复合载体。数字技术重构了学历教育的时空边界、知识传递模式与能力认证逻辑，使学历提升路径从"学历通道"向"能力阶梯"升维，形成支撑职业人才可持续发展的关键支点。

成人高考制度的数字化转型，标志着学历提升路径的弹性化革新。传统成人高考受制于固定学制与集中授课模式，难以适配职业人群碎片化、差异化的学习需求。技术赋能为这一制度注入新动能，智能组卷系统可根据考生职业背景动态调整试题侧重，远程监考技术借助生物识别与行为分析实现考试公平，弹性学制允许学习者通过学分积累自主规划毕业进度。成人高考的数字化转型把"学历追赶"工具转型为"能力定制"平台——制造业从业者可在智能系统中选择工业互联网相关课程模块，服务业人员可侧重数字化客户管理能力培养。更为重要的是，学习过程的数据沉淀为职业能力画像提供依据，使学历证书逐步承载技能认证的复合功能，形成"知识-能力-资格"三位一体的价值凭证。

专本衔接教育的智能化升级，打通了职业教育纵向贯通的技术通道。传统专本衔接多依赖课程学分的形式化对接，存在知识断层与能力错配的痼疾。数字化转型推动其向深度衔接进化，通过大数据分析职业院校与本科院校的课程图谱，智能识别知识缺口并生成衔接课程包；利用虚拟仿真技术构建能力过渡训练场景，帮助学习者跨越理论与实践的应用鸿沟；基于区块链的学分互认系统，使碎片化学习成果能够跨院校无缝积累等。在智能制造领域，专科层次的设备操作技能可通过数字孪生技术升级为本科要求的系统优化能力,工艺改进经验可通过案例推演转化为技术创新思维。这种智能化衔接的本质,是将学历提升转化为能力跃迁的"传送带",使职业人才在知识进阶中自然完成能力升维。

研究生教育的产教融合重构,赋予学历提升以实践创新的新内涵。传统研究生教育偏重学术训练的模式,已难以满足产业界对高层次应用型人才的需求。数字化转型催生"虚拟实验室+现实工作场"协同培养范式:通过工业互联网平台接入企业真实生产数据,使学术研究直击产业痛点;利用混合现实技术创建虚实交融的研发环境,支持理论验证与实践创新的同步推进;依托人工智能辅助的学术指导系统,实现产学研多维导师的协同育人。在新能源领域,这种模式表现为研究生既能通过数字孪生平台模拟新型电池材料性能,又可借助远程实验设备进行实体验证,其研究成果通过技术转化平台直通产业应用。这种教育模式的重构,使学历提升过程成为技术创新能力的孵化器,推动高层次人才从知识消费者向价值创造者转型。

学分银行体系的平台化发展,正在解构传统学历教育的刚性框架。学分银行体系作为终身学习的枢纽工程,通过区块链技术构建起全域学习成果的存储、认证与转化系统。职业培训证书、在线课程学分、工作项目经验等多样化学习成果,经智能评估后转化为标准化学分单元,可自由兑换为学历教育学分。这种机制使学历提升突破院校围墙,跨境电商从业者通过行业认证获取的数字化营销学分,可折算为工商管理学历教育的相关课程学分;工业机器人运维工程师的工作创新成果,经专家系统评估后可作为毕业设计学分等。弹性化的学分积累机制,实质是构建起"能力本位"的学历认证新范式——学习者的职业成长轨迹通过技术手段转化为学历提升的加速器,使工作场域成为没有围墙的大学。

当建筑工人通过增强现实设备学习 BIM 技术并积累学历学分时,其职业身份开始向数字建造师演化;当零售业管理者借助商业智能系统完成硕士论文时,其能力结构同步实现大数据决策能力的升级;当农业技术人员运用物联网数据撰写研究成果时,其学历提升过程直接推动着智慧农业的技术渗透。这不仅是个人职业发展的跳板,更是产业数字化转型的微观推手。通过技术赋能的学历提升，使人才能力进化与产业技术升级形成共振效应，构建起可持续发展的良性循环。

学历提升在现代社会中具有显著的优势，不仅能够显著增强个人的职业竞争力，使求职者在众多应聘者中脱颖而出，还能带来薪资水平的提升，为个人创造更高的经济收益。此外，学历提升也为个人提供了更多的职业发展机会，帮助个人迈向更高级别的职位和管理岗位。在提升学历的过程中，个人能够不断更新知识体系，提升专业技能，以适应快速变化的市场需求。同时，学历提升还有助于扩大社交圈层，增加人脉资源，为个人未来的发展提供更多可能性。更重要的是，通过学历提升，个人能够感受到成就感和自我价值的提升，增强自信心和动力，形成终身学习的理念和习惯，为个人在职业和生活中的不断进步奠定坚实基础。

对于渴望进一步提升学历水平的学习者来说，高职教育以其多元化的教育形式，如成人高等教育、远程教育和网络教育等，为广大学员铺设了通往更高学历的桥梁。这些教育形式不仅为学习者提供了获取更高学历的机会，还帮助他们更新知识体系，提升专业技能，从而在职业生涯中取得更好的发展。在学历提升的过程中，高职教育充分考虑了成人学习者的特殊需求，通过在线平台，学员可以随时随地访问课程资源，进行实时互动授课。课程时间灵活安排，既可以选择在晚间学习，也可以在周末进行充电，满足了不同学员的工作和生活安排。此外，课程内容和教学进度也进行了相应调整，以确保学员能够在保证学习质量的同时，不耽误工作和其他生活事务。高职教育的这种灵活性和便捷性，极大地提高了成人学员的学习效率和参与度。学员们不再受地理位置的限制，无论身处何地，只要有网络，就能够享受到高质量的教育资源。这种新型的教育模式不仅满足了学习者提升学历的需求，更为他们的职业进阶提供了强有力的支持。

数字技术正在重塑学历教育的价值坐标。当虚拟现实教室打破名校资源壁垒，当区块链证书构建全球通行能力凭证，当人工智能导师提供个性化成长方案时，学历提升便超越了传统教育的时空局限，成为职业生命持续进化的数字基座。这种变革的终极意义在于，它使每个职业者都能在技术洪流中掌握能力跃迁的主动权——通过持续的学习进化，将学历提升转化为职业竞争力的永续引擎，这正是数字化转型赋予人才可持续发展的深层馈赠。

6.3　创新创业

在当今充满活力与变革的经济社会格局中，创新创业已成为推动产业升级、催生新兴业态以及提升国家竞争力的核心驱动力。对于高职教育而言，积极培育学生的创新创业能力不仅契合时代发展的脉搏，更是履行其社会职责、为经济社会持续输送高素质创新型人才的关键使命。2015年国务院办公厅《关于深化高等学校创新创业教育改革的实施意见》指出："深化高等学校创新创业教育改革，是国家实施创新驱动发展战略、促进经济提质增效升级的迫切需要，是推进高等教育综合改革、促进高校毕业生更高质量创业就业的重要举措"[1]。

6.3.1　创新创业教育理念

高职院校的创新创业教育理念应深度融合创新驱动发展战略与职业教育特色，打破传统教育的封闭性与局限性，构建以学生为中心、市场为导向、创新为引领、实践为支撑的全方位育人体系。其核心在于激发学生的创新思维与创业意识，挖掘学生的潜在创造力，培育学生勇于探索、敢于冒险、善于创新的精神品质，使学生成为具有敏锐市场洞察力、扎实专业技能、强烈创新意愿与卓越创业能力的高素质复合型人才。

从宏观层面来看，这一教育理念顺应了全球经济一体化进程中对创新型人才的迫切需求。在数字化、智能化浪潮席卷全球的当下，传统产业面临着前所未有的转型升级压力，新兴产业如雨后春笋般不断涌现。这要求

1　国务院办公厅关于深化高等学校创新创业教育改革的实施意见[EB/OL].（2015-05-13）[2024-05-16]. https://www.gov.cn/zhengce/content/2015/05/13/content_9740.htm.

高职教育培养的学生不仅能够熟练掌握专业技能，更要具备创新思维和创业能力，以适应快速变化的市场环境和产业需求。通过创新创业教育，引导学生关注行业前沿动态，培养他们对新技术、新模式、新趋势的敏锐感知，使学生能够在未来的职业生涯中主动寻求创新机会，积极参与创业实践，为推动产业升级和经济发展贡献力量。

在微观层面，以学生为中心的教育理念强调尊重每个学生的个性差异和独特潜能。每个学生都具有不同的兴趣爱好、知识背景和思维方式，创新创业教育应充分发掘学生的优势和特长，为他们提供个性化的教育服务和发展路径。无论是擅长技术研发的学生，还是在市场营销、创意设计等方面具有天赋的学生，都能在创新创业教育体系中找到适合自己的发展方向。同时，注重培养学生的自主学习能力和终身学习意识，使他们能够在不断变化的社会环境中持续提升自己的创新创业能力。

市场为导向的教育理念要求创新创业教育紧密结合市场需求和行业发展趋势。学校建立与企业、行业的紧密合作关系，深入了解市场动态和企业用人需求，及时调整教学内容和课程设置。通过开展市场调研、企业走访、行业专家讲座等活动，让学生了解市场的真实需求和竞争态势，使他们的创新创业项目具有明确的市场定位和商业价值。培养学生的市场分析能力和市场营销技巧，使他们能够准确把握市场机会，有效整合资源，将创新成果转化为具有市场竞争力的产品或服务。

创新为引领的教育理念注重培养学生的创新思维和创新方法。在教学过程中，引入先进的创新理念和方法，如设计思维、TRIZ 理论等，引导学生突破传统思维定式，培养发散性思维、批判性思维和系统性思维能力。鼓励学生勇于尝试新的技术和方法，敢于挑战既有观念和模式，在学习和实践中不断探索创新。通过开展创意竞赛、创新项目实践等活动，激发学生的创新热情和创造力，营造浓厚的创新氛围。

实践为支撑的教育理念强调创新创业教育的实践性和操作性。学生只有在实际的创业项目和实践活动中，才能真正掌握创新创业的技能和方法，积累宝贵的经验。学校应加强创新创业实践平台建设，提供丰富多样的实践机会，如创业孵化基地、实习实训基地、产学研合作项目等。让学生在真实的商业环境中参与项目运作，与企业和市场进行深度对接，锻炼他们的团队协作能力、问题解决能力和应变能力，提高创业项目的成功率。

6.3.2　创新创业教育目标

高职院校需精心架构层次分明、逻辑连贯且具有鲜明职业教育特色的创新创业教育目标体系。在知识维度，确保学生系统掌握创新创业的基础理论知识，涵盖创新原理、创业管理、市场营销、财务管理、知识产权保护、法律法规等核心领域，为学生奠定坚实的知识基石。学生不仅要了解创新和创业的基本概念和理论框架，还要深入学习各个领域的专业知识和操作技巧，如在市场营销方面，掌握市场细分、目标市场选择、市场定位、营销策略组合等知识；在财务管理方面，熟悉财务报表分析、成本核算、预算编制、融资渠道与方法等内容。通过系统的理论学习，使学生具备扎实的创新创业知识基础，为后续的实践活动提供理论指导。

在技能层面，着力培养学生的创新实践技能，包括创新方法运用、创意构思与转化、项目策划与实施、团队协作与管理、资源整合与调配、风险识别与应对等关键能力，使学生具备将创意转化为实际创业项目的实操本领。例如，通过创新方法课程的学习和实践训练，学生能够熟练运用头脑风暴、思维导图、六顶思考帽等创新方法，激发创意灵感，并将创意转化为可行的商业概念；在项目策划与实施过程中，学生学会制订详细的项目计划，合理安排资源，有效组织团队成员，按时推进项目进度，并能够根据项目实际情况及时调整策略；在团队协作与管理方面，培养学生的团队领导能力、沟通协调能力和冲突解决能力，使团队成员能够紧密合作，共同实现项目目标；在资源整合与调配方面，学生学会挖掘和利用各种资源，包括人力资源、资金资源、技术资源、信息资源等，为创业项目提供支持；在风险识别与应对方面，学生能够识别创业过程中可能面临的技术风险、市场风险、财务风险、管理风险等，并制定相应的风险应对策略，降低风险损失。

在素养范畴，着重塑造学生的创新精神与创业品质，如好奇心、求知欲、批判性思维、坚韧不拔的毅力、团队合作精神、社会责任感与职业道德等，确保学生在创新创业实践中坚守正道、勇攀高峰。好奇心和求知欲是学生创新的原动力，促使他们不断探索未知领域，追求新知识和新技术；批判性思维使学生能够对现有观念和方法进行理性分析和评价，敢于质疑和挑战，从而推动创新；坚韧不拔的毅力是学生在面对创业过程中的困难和挫折时保持坚持和奋斗的精神支柱，只有具备顽强的毅力，才能在逆境中不断前行；团队合作精神是创业成功的关键因素之一，学生需要学会与不同背景的人合作，发挥团队成员的优势，实现优势互补；社会责任感与职业道德要求学生在创新创业过程中，关注社会利益和公共价值，遵守法律法规和商业道德，确保创业活动的合法性和可持续性。

在职业发展维度，紧密结合专业教育与创新创业教育，引导学生将创新创业能力融入专业领域，助力学生在未来职业生涯中实现从传统就业者向创新型创业者、从技术技能人才向企业创新领军人物的角色转变，提升学生的职业发展潜力与可持续竞争力。对于工科专业学生，在学习专业知识和技能的同时，培养他们在工程技术创新、产品研发与产业化方面的创新创业能力，使他们能够成为推动制造业转型升级的创新型工程技术人才；商科专业学生则注重培养商业运营、市场开拓与企业管理方面的创新创业能力，为他们未来成为优秀的企业家或商业管理者奠定基础；艺术设计专业学生着重提升创意设计与文化产业创业技能，使他们能够在文化创意产业领域发挥独特的创新优势，创造出具有文化价值和商业价值的作品和产品。通过将创新创业教育与专业教育的深度融合，使学生在毕业后能够迅速适应职场需求，在职业生涯中实现创新发展，为个人和社会创造更大的价值。

6.3.3 课程体系建设

创新创业课程体系应秉持系统性、科学性、实用性与针对性原则，精心设计多元融合、层次递进的课程模块架构。基础理论课程作为整个课程体系的根基，全面系统地阐述创新创业的基本概念、原理、流程与方法，如"创新思维与方法""创业基础""管理学原理"等课程，通过深入浅出的教学方式，帮助学生构建起完整的创新创业知识框架，为后续的学习与实践奠定坚实的理论基础。

专业融合课程紧密围绕不同专业的特点与优势，深度挖掘专业教育中的创新创业元素，将创新创业教育有机融入专业课程体系之中。例如，在工科专业中开设"工程创新与创业"课程，聚焦于工程技术创新、产品研发与产业化；商科专业设置"商业创新与创业管理"课程，着重培养学生的商业运营、市场开拓与企业管理能力；艺术设计专业则推出"文化创意与设计创业"课程，强化学生的创意设计与文化产业创业技能。通过专业融合课程的实施，实现创新创业教育与专业教育的协同发展，提升学生在本专业领域的创新创业竞争力。

实践实训课程依托校内创新创业实践平台、校外企业实习基地与产学研合作项目，为学生提供全真的创新创业实践场景。如"创业项目实践"课程，要求学生组建团队，完成从项目创意产生、市场调研、商业计划书撰写到项目实施与运营的全过程实践；"企业模拟经营"课程借助商业模拟软件，让学生在虚拟环境中体验企业的运营管理决策过程；"创新创业竞赛实训"课程则围绕各类创新创业竞赛，指导学生进行项目策划、团队协作与路演展示，通过竞赛实战提升学生的实践能力与应变技巧。

案例分析课程精选国内外不同行业、不同发展阶段与不同创新模式的经典创新创业案例，如苹果公司的创新历程、阿里巴巴的创业传奇、特斯拉的科技突破等案例，引导学生深入剖析案例背后的创新思维、商业模式、团队协作、市场策略与风险管理等关键要素，培养学生的批判性思维与举一反三的能力，增强学生对创新创业复杂性与多样性的认知深度，使学生能够从成功案例中汲取经验，从失败案例中总结教训，提升自身的创新创业实践智慧。

课程设置应充分考量不同专业背景、不同学习阶段与不同兴趣特长学生的多样化需求，构建个性化、定制化的课程菜单。针对大一新生，开设创新创业启蒙课程，激发学生的创新兴趣与创业意识；大二学生则侧重于专业融合课程与基础实践课程的学习，培养学生在专业领域的创新能力与实践技能；大三、大四学生通过参与综合性实践实训课程、创新创业竞赛与企业实际项目，提升创新创业项目的实战能力与市场竞争力。同时，根据学生的兴趣特长与职业规划，设置如科技创新创业、文化创意创业、社会服务创业等选修课程模块，满足学生的个性化发展需求，实现因材施教与精准育人。

6.3.4　教学方法与实践平台

积极探索多元化、创新性的教学方法是提升创新创业教育质量的核心驱动力。项目驱动教学法以真实项目为载体，将学生置于项目实施的核心角色，从项目的需求分析、方案设计、实施执行到成果评估，全过程由学生主导完成。例如，在智能硬件开发项目中，学生团队需完成从硬件选型、电路设计、软件编程到产品测试的全流程工作，在项目推进过程中，学生不仅能够深化对专业知识的理解与运用，更能锻炼团队协作、问题解决、资源整合等综合能力，实现理论知识与实践技能的深度融合。

问题导向教学法通过创设复杂且具有现实意义的问题情境，激发学生的探究欲望与创新思维。教师提出"如何利用大数据技术提升传统制造业的生产效率与产品质量？""在共享经济模式下，如何创新社区服务商业模式？"等问题，引导学生自主查阅资料、开展调研、分析问题、提出解决方案。在解决问题的过程中，学生学会运用跨学科知识，突破传统思维定式，培养批判性思维与独立思考能力，提升应对复杂现实问题的实践技能。

翻转课堂教学模式打破传统课堂的时空限制，将知识传授环节前置至课外，借助在线课程平台、教学视频、电子教材等丰富的学习资源，供学生自主学习。课堂则转变为师生深度互动、学生协作探究与成果展示的场所，学生通过小组讨论、项目汇报、案例分析等活动，深化对知识的理解与应用，教师在此过程中发挥引导、启发与点评的作用。例如，在"市场营销"课程中，学生在课外自主学习市场营销的基本理论与方法，课堂上则针对特定企业的营销案例进行分析讨论，制定营销策略，并进行模拟营销活动展示，充分发挥学生的主体作用，提升学习效果与教学效率。

体验式教学法通过组织学生参与创业竞赛、企业模拟经营、创业孵化营、创新创业工作坊等丰富多样的实践活动，使学生在亲身体验中感悟创新创业的实际流程与挑战。创新创业竞赛是激发学生创新能力的有效途径之一。参与竞赛的过程中，学生团队需在规定时间内完成创业项目的策划、展示与答辩，体验市场竞争的压力与创新的紧迫感，学生不仅可以通过与其他团队的交流和竞争，拓宽自己的视野，还能够接触到行业专家的指导和评估。企业模拟经营活动让学生在虚拟商业环境中担任企业管理者角色，进行生产、营销、财务等决策，感受企业运营的复杂性与不确定性；创业孵化营为学生提供真实的创业项目孵化服务，学生在导师指导下，将创意转化为实际产品或服务，并推向市场，积累宝贵的创业实践经验，增强创新自信与创业决心。这些经历将促使学生不断挑战自我，培养解决问题和创造性思考的能力，并为可持续发展贡献更多创新技术和解决方案。

建设功能完备、资源丰富、协同高效的创新创业实践平台是培养学生创新创业能力的重要支撑。校内实践平台应整合各方资源，打造集创新实验室、创业孵化中心、众创空间、创新创业培训基地、科技成果转化中心等于一体的综合性实践生态系统。创新实验室配备先进的实验设备、软件工具与技术资源，如 3D 打印机、人工智能开发平台、大数据分析软件等，为学生开展技术研发、产品设计与创新实验提供硬件保障；创业孵化中心为初创企业提供办公场地、政策咨询、资金扶持、导师指导、工商注册、财务代理等一站式孵化服务，助力学生创业项目从创意到实体的孵化成长，降低创业门槛与风险；众创空间营造开放共享、协同创新的社区氛围，促进学生、教师、创业者及企业专家之间的交流合作与资源共享，定期举办创业沙龙、项目路演、经验分享会等活动，激发创新灵感与创业火花；创新创业培训基地定期举办各类培训课程、讲座论坛与工作坊，邀请行业精英、创业成功人士、投资专家与学者传授创新创业实战经验、前沿技术与政策法规知识，提升学生的创新创业素养与实践技能；科技成果转化中心则搭建学校科研成果与企业需求对接的桥梁，推动学校科技成果向现实生产力转化，促进创新创业教育与科技创新的协同发展。

校外实践平台应积极拓展与企业、产业园区、科技孵化器、投资机构、行业协会等的深度合作，建立稳固的实习实训基地与产学研合作关系。通过选派学生到企业实习，使其深入了解企业运营管理、生产流程、市场营销与技术研发等环节，参与企业实际项目研发与创新活动，积累行业经验，提升实践能力；产学研合作项目推动学校与企业在人才培养、技术创新、成果转化等方面的协同创新，如学校与企业共建研发中心、联合开展技术攻关项目、共同培养研究生等，为学生提供参与产业前沿创新实践的机会；与科技孵化器的合作有助于为学生创业项目提供更专业的孵化服务、创业辅导与资源对接；投资机构的参与为学生创业项目引入资金支持、风险评估与投资指导，提升项目的市场竞争力与发展潜力；行业协会则在行业信息共享、标准制定、人才培训与企业合作等方面发挥桥梁纽带作用，为创新创业教育提供行业资源与专业支持。

6.3.5 师资队伍建设

打造一支高素质、专业化、多元化且富有实践经验的创新创业师资队伍是确保创新创业教育质量的核心要素。学校应制定系统全面、分层分类的师资培养计划，多渠道提升教师的创新创业素养与教学能力。定期选派教师参加国内外高水平的创新创业培训课程、学术研讨会、专题研修班与师资认证培训项目，如国际创新创业教育峰会、国家创新创业教育师资特训营等，使教师及时掌握创新创业领域的最新理论、政策动态、教学方法与实践经验，拓宽国际视野，提升专业水平。

鼓励教师深入企业挂职锻炼或参与企业实际项目研发，学校与企业建立教师实践基地合作关系，选派教师到行业龙头企业、创新型企业担任技术顾问、项目经理助理等职务，参与企业的技术创新、产品研发、市场推广与企业管理等工作，积累丰富的企业实践经验与行业资源，增强教学内容的实用性与针对性。支持教师开展创新创业教育教学研究与实践改革，设立专项科研基金，鼓励教师围绕创新创业教育的课程体系建设、教学方法创新、实践平台优化、学生能力培养等关键问题开展深入研究，探索适合高职学生特点的教学模式与方法，将研究成果应用于教学实践，提升教学效果与人才培养质量。

积极引入校外创新创业导师是丰富师资结构、提升教育质量的有效举措。校外导师应涵盖成功企业家、资深投资人、行业专家、技术骨干、创业孵化专家等多元背景人才。学校通过建立校外导师库，制定严格的导师选拔标准与聘任程序，邀请具有丰富创业实践经验、卓越创新成果与社会影响力的人士担任校外导师。校外导师通过参与课程教学、项目指导、创业竞赛评审、创业沙龙分享、企业参访等活动，将真实的商业案例、实战经验、行业趋势与市场动态带入课堂，为学生提供全方位、个性化的指导与支持。例如，成功企业家可以分享自己的创业历程、企业管理经验与应对挫折的策略；资深投资人从投资视角为学生项目提供市场分析、商业模式优化与融资建议；行业专家则在专业技术领域为学生提供前沿知识与技术指导，帮助学生解决项目实施过程中的技术难题；创业孵化专家在创业项目孵化、政策法规、资源整合等方面提供专业咨询与服务，助力学生创业项目顺利成长。

建立科学合理、激励有效的师资评价机制是激发教师积极性与创造力的重要保障。评价体系应摒弃传统的单一学术成果评价标准，转向综合考量教师在创新创业教育教学、实践指导、项目孵化、资源整合、学生创业成效等方面的工作业绩与贡献度。在教学评价方面，注重考查教师教学方法的创新性、教学内容的实用性、学生参与度与学习效果等指标；实践指导评价关注教师对学生创业项目的指导频率、指导质量、项目进展与成果转化情况；项目孵化评价考察教师参与创业项目孵化的数量、成功率、企业成长指标等；资源整合评价衡量教师为创新创业教育引入的企业资源、社会资金、行业合作项目等；学生创业成效评价则以学生创业项目的数量、质量、市场竞争力、经济社会效益以及学生在创新创业竞赛中的获奖情况等为依据。对于在创新创业教育领域表现突出的教师，给予表彰奖励、职称晋升、绩效加分、优先评优等激励措施，如设立创新创业教育突出贡献奖、优秀创新创业导师奖等荣誉称号，在职称评审中对创新创业教育成果给予专项加分，在绩效工资分配中体现创新创业教育工作的价值，鼓励教师积极投身创新创业教育事业，不断提升教育教学水平与服务质量，形成教师积极参与、教学相长的良好生态环境。

6.3.6　支持与保障体系

完善的政策支持体系是推动高职创新创业教育蓬勃发展的有力保障。学校应制定出台一系列系统全面、切实可行且具有前瞻性的鼓励创新创业政策文件，涵盖学籍管理、课程设置、学分认定、奖励资助、创业孵化、成果转化等关键环节。在学籍管理方面，为创新创业学生提供弹性学制、休学创业、保留学籍复学等便利政策，允许学生根据创业项目的实际需求，灵活调整学业进程，确保学生在创业实践与学业提升之间找到平衡，解除学生的后顾之忧。课程设置与学分认定政策应充分认可学生参与创新创业实践活动、获得相关培训证书、专利成果、创新创业竞赛奖项以及企业实习经历等所对应的学分，建立多元化的学分认定标准与转换机制，激励学生积极参与各类创新创业项目与活动，将课外创新创业实践有效纳入人才培养体系。

奖励资助政策设立专项奖学金、创业扶持基金、项目补贴、场地租金减免等多种形式的激励措施，对优秀创新创业项目与团队给予资金支持与物质奖励。例如，设立创新创业奖学金，对在创新创业方面表现优异的学生给予高额奖学金表彰；创业扶持基金为学生创业项目提供启动资金、运营补贴与贷款贴息等支持，缓解学生创业初期的资金压力；项目补贴用于鼓励学生开展具有创新性与市场潜力的创业项目研发；场地租金减免政策则为入驻创业孵化中心的学生项目提供办公场地优惠，降低创业成本。创业孵化政策为入驻创业孵化中心的学生项目提供全方位服务，包括免费或低成本的办公场地、水电补贴、设备共享、法务财务咨询、工商注册代理、人力资源服务、市场推广支持等，营造良好的创业环境，助力学生创业项目从创意到实体的孵化成长。成果转化政策则建立健全知识产权保护与管理机制，引导学生及时申请专利、软件著作权、商标等知识产权，加强学校科技成果转化平台建设，促进创新创业成果与市场需求、企业资源的有效对接，推动成果转化为实际生产力，提升创新创业教育的经济社会效益。

资金投入是创新创业教育持续发展的关键支撑。学校应积极拓展资金筹集渠道，加大对创新创业教育的经费投入力度。学校可与企业建立战略合作关系，企业通过设立创新创业奖学金、捐赠实验设备、资助创业项目等方式支持学校创新创业教育；发动校友力量，成立校友创新创业基金，鼓励校友回馈母校，支持学弟学妹的创新创业实践；积极引入社会投资机构，为学生创业项目搭建融资对接平台，吸引风险投资、天使投资等社会资本参与。合理规划资金用途，确保经费主要用于创新创业课程建设、实践平台打造、师资培训、项目孵化、竞赛组织、成果转化、国际交流合作等核心领域，提升资金使用效益，为创新创业教育提供坚实的物质保障。

营造浓郁的创新创业校园文化氛围对于激发学生的创新创业热情、培育创新精神具有潜移默化的重要作用。学校可通过举办丰富多彩、形式多样的创新创业文化活动，如创新创业文化节、创业大赛、创意集市、创业讲座论坛、创新创业成果展、创业之星评选等，展示创新创业成果与成功案例，传播创新创业文化与理念，营造鼓励创新、宽容失败、勇于创业的校园文化风尚。创新创业文化节作为校园创新创业文化的重要品牌活动，可设置项目展示、竞赛比拼、专家讲座、互动体验、创业孵化等多个板块，吸引全校师生广泛参与，形成浓厚的创新创业氛围；创业大赛如"挑战杯""互联网+"大学生创新创业大赛等，为学生提供展示创新成果与创业项目的舞台，激发学生的创新灵感与创业冲动；创意集市则为学生创意产品与服务提供展示交易平台，促进创意交流与合作；创业讲座论坛邀请国内外知名企业家、投资人、专家学者来校举办讲座与论坛，分享创新创业经验与前沿知识，拓宽学生视野；创新创业成果展定期展示学校创新创业教育的优秀成果，包括学生创业项目、专利成果、竞赛获奖作品等，增强学生的成就感与自信心；创业之星评选活动树立创新创业榜样，发挥示范引领作用，激励更多学生投身创新创业实践。

建设创新创业文化长廊、创业明星墙、创新工作室等文化设施，宣传创新创业典型人物与事迹，展示创新创业历程与成果。创新创业文化长廊可通过图片、文字、视频等形式展示学校创新创业教育的发展历程、重要事件、优秀项目与团队风采；创业明星墙则重点宣传创业成功校友与校内创新创业典型学生的事迹，分享他们的创业经验与感悟；创新工作室为学生提供开展创新活动与项目研发的专属空间，营造创新氛围，激发创新活力。通过校园文化活动与文化设施建设，使创新创业成为校园文化的核心元素与学生的自觉追求，培育学生的创新精神与创业文化基因。

6.3.7 成果转化与社会服务

加强创新创业教育成果转化是实现教育价值、推动经济社会发展的关键一环。学校应构建一套完善且高效的成果转化机制，搭建多元化的成果转化平台，全力促进创新创业项目与市场需求、企业资源的精准对接。

学校需成立专门的、具备专业素养和丰富经验的科技成果转化机构，如科技成果转化办公室或技术转移中心。该机构应配备一批精通技术、法律、市场和管理的专业技术转移人才以及高效的服务团队，他们能够熟练运用专业知识和技能，负责创新创业成果的全流程管理，包括系统的收集、科学的评估、广泛的推广与有效的转化工作。同时，建立全面且动态的创新创业成果数据库，对学生的专利成果、软件著作权、创业项目等进行细致分类、详细记录，并根据项目进展和市场变化进行实时更新，确保企业与投资机构能够便捷、精准地获取所需信息，为成果转化奠定坚实基础。

积极组织成果转化对接会、项目路演活动是推动成果转化的重要举措。学校应定期举办成果转化对接会，邀请来自不同行业、不同规模的企业代表、投资机构负责人、行业专家等参与。在对接会上，学生创业团队有机会详细介绍自己的项目成果，展示项目的创新点、技术优势、市场潜力和应用前景。企业代表和投资机构则可以现场提问、深入交流，对感兴趣的项目进行进一步的了解和评估，寻找潜在的合作机会。项目路演活动也应常态化开展，通过模拟真实的商业融资场景，让学生团队在规定时间内清晰、生动地阐述项目的核心价值和商业模式，锻炼他们的项目推介能力和商业沟通技巧，同时也为项目吸引更多的关注和资源支持。

加强知识产权保护与管理是保障创新创业成果转化的重要支撑。学校应积极引导学生及时申请专利、软件著作权、商标等知识产权，设立专门的知识产权服务中心，为学生提供专业的咨询、申请指导和法律援助。举办知识产权讲座和培训，增强学生的知识产权意识，让他们了解知识产权保护的重要性和相关法律法规，掌握申请知识产权的流程和技巧。同时，加强与知识产权管理部门和专业机构的合作，建立知识产权协同保护机制，确保学生的创新创业成果在转化过程中得到充分的法律保护，维护学生的合法权益。

高职教育的创新创业教育应以服务地方经济社会发展为重要使命，紧密对接区域产业需求，助力产业升级与创新发展。学校应积极与地方政府、企业建立深度合作关系，联合开展产业技术研发、创新人才培养、科技成果转化等合作项目，形成产学研用协同创新的良好局面。

在产业技术研发方面，学校可依托自身的科研优势和人才资源，与企业共建研发中心或实验室。针对地方特色产业和新兴产业的关键技术难题，组织教师和学生科研团队与企业技术人员共同开展攻关研究。例如，在新能源汽车产业，共同研发高效电池技术、智能驾驶系统等；在智能制造领域，合作开展工业机器人的优化设计、自动化生产线的升级改造等项目。通过产学研合作，将学校的科研成果快速应用于企业生产实践，提高企业的技术创新能力和产品竞争力，推动产业技术进步。

在创新人才培养方面，根据地方产业发展需求，定制化培养创新创业人才。学校与企业共同制定人才培养方案，将企业的实际生产项目和技术需求融入课程教学内容，实现课程内容与岗位需求的无缝对接。通过开展订单式培养、现代学徒制等人才培养模式，为企业输送符合产业需求的高素质技术技能人才和创新型创业者。同时，为企业员工提供在职培训和继续教育服务，帮助他们提升专业技能和创新能力，促进企业人才队伍的整体升级。

在科技成果转化方面，鼓励学生创业项目聚焦地方产业痛点与发展瓶颈，开展创新实践。学校积极推动科技成果向地方企业转移转化，促进科技成果在本地的产业化应用。例如，将学校在农业科技领域的创新成果应用于当地农业生产，提高农业生产效率和农产品质量；将信息技术领域的成果助力地方传统制造业的数字化转型，提升产业智能化水平。通过科技成果转化，为地方产业发展提供新的技术支撑和动力源泉，推动地方产业结构优化升级与创新生态系统建设，实现高职创新创业教育与地方经济社会发展的良性互动与协同共进。

此外，学校还应积极参与地方创新创业生态建设，为地方提供创业孵化、创业辅导、政策咨询等服务。与地方政府合作建设创业孵化基地，为初创企业提供办公场地、设备设施、资金扶持、人才支持等一站式服务，降低创业门槛和成本，提高创业成功率。组织教师和专家团队为创业者提供创业指导和培训，帮助他们解决创业过程中遇到的技术、管理、市场等问题。同时，积极参与地方创新创业政策的制定和评估，为政府提供专业的建议和决策支持，营造良好的创新创业政策环境，促进地方创新创业事业的蓬勃发展。

7 探索实践

——以广州铁路职业技术学院为例

随着信息技术的飞速发展，数字化转型已成为教育领域的重要趋势。数字教育不仅改变了传统的教学方式，也为学生提供了更加多元化和个性化的学习体验。广州铁路职业技术学院作为一所具有鲜明行业特色的职业学校，在数字化转型的道路上积极探索，形成了一套独具特色的数字教育实践模式。本章将以广州铁路职业技术学院为例，深入剖析其数字教育实践的经验与成效。

作为轨道交通产业的人才培养基地，轨道交通类高职院校肩负着培养优秀轨道交通类专业人才的重要使命。为此，轨道交通类高职院校应服务"轨道上的大湾区"和广州世界级铁路枢纽建设，强化科技、人才的支撑作用。紧密对接轨道交通产业发展需求，充分发挥办学基础和优势特色，对接轨道交通智慧运维、先进轨道交通装备等重点领域急需紧缺人才培养要求，面向轨道交通机电、信号、供电、车辆和运营管理等五大产业链的核心岗位群，打造大湾区轨道交通技术技能人才培养高地，铸造具有轨道交通特色的新时代职教教师。协同轨道交通产业链头部企业和专精特新企业，建设轨道交通产教融合联盟、市域产教联合体、产教融合共同体、产业学院等产教融合平台，夯实"集团+联盟+学院"人才培养共同体，铸就轨道交通"智慧运行"技术技能创新高地；服务高铁"走出去"和"一带一路"

倡议，构建国内国际双循环互相促进的新发展格局[1]。

7.1　探索新路径，与现代职教体系同频共振

在数字化浪潮的推动下，高等职业教育也迎来了前所未有的转型机遇。广州铁路职业技术学院作为行业特色鲜明的职业院校，不仅在专业建设上紧密对接地方经济发展需求，更在数字教育转型上积极探索，为构建现代职业教育体系提供了宝贵的经验。

学校主动对接地方经济发展需要，围绕粤港澳大湾区轨道交通产业升级需求，强化行业、产业、企业、职业、专业"五业对接"，依据产业发展调整优化专业结构，增强专业设置对接产业的吻合度和匹配度，更好地服务高质量发展。学校现有全国职业院校示范专业点 2 个，中央财政支持专业 6 个，省级重点专业 9 个，省级品牌专业 8 个。现有专业覆盖了轨道交通行业"车、机、工、电、辆、供"六大技术工种，形成了耦合轨道交通产业链的特色专业体系，建立了面向市场需求的专业动态调整机制。同时，学校积极申报专精特新专业，构建互补互利、互融共赢的新型产教融合平台，打造汇聚专精特新资源要素和人才需求的特色产业学院。2022 年新增工业机器人技术、人工智能技术应用、土木工程检测技术等 3 个专业，招生专业数达 33 个，专业大类覆盖率达到 37%，对接轨道交通系统装备与设施的在线安全检测监测、智能维修维护、智慧运营服务等产业高端的工科专业占比达 75% 以上，形成了与轨道交通产业链紧密耦合的特色专业体系。

在人才培养方面，学校坚持产教融合、中高本一体的育人思路。通过与行业企业紧密合作，学校不仅为学生提供了丰富的实习实训机会，还为企业量身培养了"来之能战"的高素质技术技能人才。

学校坚持"产教融合、专业对接、中高本一体、协同育人"思路，通

---

1 新时代 10 年，铁路"走出去"[EB/OL].（2023-02-18）[2024-06-25]. https://www.nra.gov.cn/xwzx/xwxx/xwlb/202301/t20230118_339625.shtml.

过 3+证书、中高职贯通三二分段、中职自主招生、高职扩招等多种方式，扩大中职生源比例，促进中高等职业教育的有效衔接。同时，加强与协同本科院校的联系，与广东外语外贸大学、广东技术师范大学等 6 所本科院校合作开展了三类（三二分段专升本、专插本以及四年制高本协同）共 8个高本协同育人试点项目改革，为学生提供了更多升学深造的机会。

在数字化教育转型的推动下，学校高度契合产业、集约建设专业（群）体系，充分满足新技术、新产业、新业态发展对人才的需求，为产业发展提供了有力的人才支撑，近 60%的毕业生服务于交通运输相关领域，从事司机、检修、工务、电务、客运等岗位，为交通运输领域培养了大量高素质技术技能人才。未来，学校将继续深化数字化教育转型，为构建与现代职业教育体系同频共振的新路径贡献力量。

7.2 产群联动，创新驱动专业新布局

广州铁路职业技术学院紧扣粤港澳大湾区及广州市产业转型升级和高质量发展的脉搏，积极对接轨道交通、高端装备、电子信息、现代商贸等四大主导产业，以产群联动为引擎，精心构建专业新布局。学校遵循"专业基础相通、技术领域相近、职业岗位相关、教学资源共享"的原则，通过"行业岗位群""技术基础群""产业链群"三种模式，以轨道交通类专业为龙头，带动装备、信息、经管、语言类等专业协同发展。

当前，学校已形成由 7 个专业群组成的"高水平引领、骨干支撑、特色发展"的专业群布局，包括铁道供电技术、动车组检修技术、机械制造与自动化、城市轨道交通运营管理、计算机应用技术、铁道工程技术和商务英语等。面向产业集群，学校积极响应轨道交通等产业升级的号召，融合"云计算、物联网、大数据、人工智能"等新一代信息技术，着力打造轨道交通、先进制造等两大战略性新兴产业专业集群，同时优化提升电子信息和现代服务业等传统优势产业专业集群。

针对专业群与产业群契合度低、传统专业管理模式僵化、多元协同育

人困难等挑战，学校坚定走产教融合之路，紧密对接粤港澳大湾区和广东省、广州市的战略性产业集群布局。通过数字赋能，学校成功转型升级了4个传统专业，并新办了人工智能技术应用等3个新兴专业，形成了基于"教育链-产业链-人才链-创新链"的"1+2+4"专业集群新布局，如图 7-1所示。同时，学校建立了专业动态调整机制，根据产业发展需求及时调整专业布局和结构，确保专业群布局"应需而变"。

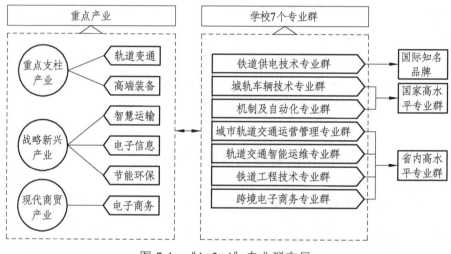

图 7-1 "1+2+4"专业群布局

在治理机制创新方面，学校以"双高计划"重点建设专业群为引领，建立了专业群"统筹、组织、运行、共享、评价、预警"六大机制。这一机制创新促进了专业群间的协同合作，相互支撑，实现了专业群的自我完善与柔性管理，为专业群治理"提质增效"奠定了坚实基础。通过这一系列举措，广州铁路职业技术学院正迈向与产业群深度联动、创新驱动的专业发展新阶段。

7.3 智慧校园，推动教学数字转型与智能升级

广州铁路职业技术学院在科教城新校区建设中，实现了硬件设施质的

飞跃，更在智慧校园建设上取得了显著成效。新校区占地近42万平方米，建筑面积34万平方米，投资近18亿元，于2022年10月正式启用，为学校的教学、科研和管理提供了全新的现代化场所。新校区不仅提升了学校的硬件设施水平，也为智慧校园的建设提供了坚实的物质基础。

学校致力于提升信息化水平，构建了学校内部质量管理信息平台。一是完善基础数据平台建设，建成了数据中心、统一信息门户、统一身份认证等数字化校园三大基础平台，并建立了统一的信息标准与集成化的校务管理应用体系。这一系列的努力，使得学校实现了20多个业务系统的互联互通与共享共用，涵盖了办公、人事、财务、教务、科研、设备、图书、学工等多个领域。二是建设了内部质量监测平台，打通了校内管理系统数据孤岛。该平台覆盖了整个人才培养过程，包括信息的收集、分析和反馈。通过充分利用数据平台的状态分析和监控功能，学校能够及时发现问题和薄弱环节，提出预警，确保诊断与改进工作的有效实施。

在数字化资源建设方面，学校以丰富创新数字化资源和推进资源共建共享为目标，通过探索升级智慧校园、系统建设数字化资源、创新教育教学模式、提升数字化治理能力等系统化工作模式，在数字化课程资源建设的量与质、数字化课程资源应用上具有典型性，为高职院校数字化资源建设与应用创新实践提供参考。近五年来，学校投入了近2000万元的经费，支持了500多个项目开发各级各类数字化课程资源，分级推进数字化课程资源的建设，涵盖面向公共基础课、专业基础课、专业核心课等重点课程，为提升教学质量和促进学生个性化学习提供了有力支持。

此外，学校还积极探索创新教育教学模式，利用智慧校园平台开展远程教学、在线辅导等多种形式的教学活动。这些尝试不仅提高了学生的学习兴趣和参与度，也培养了学生的自主学习能力和团队协作能力。

智慧校园的建设也促进了学校数字化治理能力的提升。基于数据分析和决策支持系统，学校能够更加精准地把握教学、科研和管理的动态情况，为科学决策提供了支持。同时，学校也加强了信息安全防护建设，确保了智慧校园的稳定运行和数据安全。

7.4 产教融合，提升协同治理能力

广州铁路职业技术学院积极践行产教融合战略，以协同治理为手段，与行业龙头企业紧密合作，形成了多元办学的新格局。学校依托国家级示范性职教集团——广州工业交通职业教育集团，与众多合作企业搭建起学校-专业群-专业三层次校企合作体系。推动广州市政府与广铁集团共建学校，创新了政府投资管理、企业深度参与的双元主体办学模式，成功建立了2个混合所有制二级学院和6个校企双主体的产业学院，形成了政校行企多元办学新格局。

学校紧密围绕"一核一区一带"区域发展格局和"双十"产业集群发展需求，与广州工业交通职业教育集团内的企业开展了全方位、多领域、深层次的合作。协同构建了集人才培养、科技创新、智库咨询、成果转化于一体的现代产业学院和协同创新中心，建立了7个校级产业学院和3个省级示范产业学院，推动学校"产、学、研、用"与企业"专、精、特、新"协同发展，形成了产教融合实体化运作平台。校企间实现了共建专业、共同管理、共育人才、共组师资、共融文化、共享利益的常态化运行机制，有效缓解了产教融合过程中常见的"校热企冷"和"链接不畅"等问题，全面推进校企协同发展、产教深度融合，同向并行迈入高质量发展的"快车道"，营造良好的校企互融共建、共享双赢的新生态。

学校主持申报的"学校轨道交通产教融合实训基地（轨道交通装备智慧运维产业学院）"成功入选国家发展和改革委员会（简称国家发改委）"十四五"教育强国推进工程储备项目，并获得各级财政总投资超过2亿元。该项目不仅提升了学校的技术技能服务水平和技术创新能力，也为学校的"双高计划"建设提供了有力支撑。该基地按照"五中心-五板块-四层次-全覆盖-全过程"的规划布局，融入了云计算、物联网、大数据、人工智能等新技术，建设了1个室外大型综合性实践基地和4个配套的专业技术综合

实训中心，是集实践教学、科技攻关、技能培训、技术服务、创新创业、企业真实生产等多功能于一体的轨道交通产教融合实训基地。该基地的建设不仅是广州市推进职业教育高质量发展的品牌项目，也是全国职业教育大会精神和《国家职业教育改革实施方案》等政策的具体实践。对于促进粤港澳大湾区经济社会和轨道交通行业的发展，具有深远的战略意义。学校将继续深化产教融合，提升协同治理能力，为培养更多高素质的技术技能人才、服务区域经济社会发展做出贡献。

7.5   引领科研，构筑大湾区智慧交通基石

学校以服务轨道交通产业技术创新、服务粤港澳大湾区智慧轨道交通体系建设为导向，不断推进科研平台的建设与发展。目前已建成一批集"产学研用"于一体的创新平台，培育一批轨道交通技术领域创新团队，汇聚一批具有轨道交通特色并切合市场需求的科研项目与成果，建成科研实力有突破、重大成果有影响的科研与社会服务体系，服务区域经济社会和服务产业发展能力显著增强。截至目前，学校建有市级以上科研创新学术团队 13 个（其中省级 9 个），市级以上科研平台 13 个（其中国家级 3 个、省级 7 个），为科研创新提供了强有力的支撑。

学校联合华南理工大学、香港城市大学共建的现代交通节能控制和智能运维技术联合实验室，实现了学校在省级重点实验室上历史性的突破。该实验室作为目前粤港澳大湾区唯一面向高速铁路、城市轨道和城际轨道节能控制和智能运维基础研究及应用技术的重点实验室，汇聚了众多具有创新意识和研发能力的专家，致力于解决轨道交通供电系统可再生能源的消纳、降低用电成本和减少碳排放等难题，坚持以产业需求为牵引的科研服务路线，积极与轨道交通行业上下游相关企业合作，推进科研成果产业化。

实验室的研究方向涵盖了新型节能电机及其驱动控制系统、考虑混合制动能量回馈的新能源高渗透率供电系统以及轨道交通安全及智能运维系统等多个领域。通过深入研究，实验室在提升轨道交通供电系统效率、降

低运营成本、减少环境污染等方面取得了显著成果。

通过与企业的紧密合作，实验室不仅为企业提供了技术支持和解决方案，也为学生提供了丰富的实践机会和就业渠道。此外，学校还坚持以研促教的理念，通过科研反哺教学，带动专业学科的发展。通过实验室的建设和科研项目的开展，学校培养了大量具有创新能力和实践能力的复合型人才，为轨道交通产业的发展提供了有力的人才支持。

7.6 "三教"改革，引领轨道交通人才培养新篇章

随着数字化、智能化技术的飞速发展，轨道交通行业对技术人才的需求也在不断演变。为了适应这一新变化，广州铁路职业技术学院积极与轨道交通龙头企业携手，共同推行"三教"改革，旨在全面提升人才培养质量，满足行业对高素质技术技能人才的迫切需求。

在"三教"改革中，学校不仅注重教师的专业成长和教学能力的提升，还强调教材和教学方法的创新。通过引入先进的"数字技术赋能"理念，学校致力于将最新的科技成果融入教学之中，以"理论精讲、重在实践、智造引领、追求创新"为改革思路，以培养学生"双能力"为目标，设计实践能力和创新能力培养的递进层次；在专业方向上，按照实际项目运作流程，结合智能建造发展趋势，统一规划课程内容和实践环节，设计课程模块，将各门课程有机衔接，构建了基于智能建造的工程管理"双能力"培养的课程体系，使教学内容更加贴近行业实际，更具前瞻性和实用性。同时，学校还倡导"课程融通共享"，打破传统学科壁垒，促进不同课程之间的交叉融合，培养学生的跨学科综合能力。

在招生和培养方面，学校推行"大类招生、按需选向、分级培养"的模式。这一模式允许学生在入学时先选择大类方向，然后根据兴趣和需求进一步细化专业方向，实现个性化发展。同时，学校还注重分级培养，根据学生的不同特点和需求，提供差异化的教学资源和培养方案，确保每个学生都能得到充分的关注和发展。

在教学方法改革方面，学校积极运用"互联网+"和"智能+"等信息化手段，加强教师教学能力提升，推动教学方法的创新，通过构建包含智能学习、交互式学习的新型教育体系，学校为学生提供了更加丰富、多元的学习体验。同时，借助精品在线开放课程、微课等在线资源，以及智慧教室、虚拟仿真实训中心等先进设施，学校积极开展混合式学习、泛在学习等教学改革，打破了传统课堂的时空限制，提高了学生的学习效率和学习质量。

学校深入推进"五育并举"，高度重视美育工作，在大美育观的指导下，主动先行，多措并举，构建美育育人体系，着力培育学生的职业情怀，有机融合专业素质教育，助推专业人才培养质量提升。一是按照全员化、本土化、行业化原则，构建全程、全域、全媒体三维融合，学科课程、活动课程、环境课程三轮驱动的"3+3"大美育课程体系。二是加强美育课程资源建设，邀请了广州市美术家协会副主席、关山月中国画学院院长黄健生教授主讲，面向全体学生开设 30 门美育公共选修课，构建了包含 180 多门美育和人文素养课程的数字化资源，供学生选学。三是营造具有职业教育特色的美育校园文化。连续两年承办广东省高校教师书法大赛，组建流溪河畔、摄影社等学生社团，开展铁路文化节、"1+100"经典书籍导读等活动，培养学生审美意识和能力，孕育校园美育文化。

经过一系列的改革探索和实践，广州铁路职业技术学院在 2021—2022 学年取得了丰硕的成果。学校成功立项省级教改项目 7 项，市级教改项目 11 项，市课程教研室项目 6 项；立项省级精品在线开放课程 3 门；省级"课堂革命"典型案例 3 个，展现了在教学方法改革方面的突出成果。

近年来，广州铁路职业技术学院在各级各类比赛中屡获殊荣，共获得国家级成果 35 类 92 项。这些成果不仅展示了学校的办学实力和教育教学水平，也充分体现了学校在人才培养方面的卓越成效。在 2022 年，学校更是成功入选第一批国家级产教融合型专业试点院校，标志着学校在产教融合、校企合作方面取得了重要突破。

7.7　创新创业，共筑时代新篇章

在广州铁路职业技术学院，创新创业教育的深化与实践已经成为学校发展的重要战略之一。学院紧跟区域经济社会和轨道交通行业的快速发展步伐，以创新创业教育为引领，致力于培养具备创新精神和实践能力的高素质人才，为行业输送领军者。

为加强创新创业教育的组织领导，学校成立了由党委书记和校长亲自挂帅的创新创业教育领导小组，汇聚了校内外的专家学者、企业家和行业精英，构建了"创新工作室+创新企业研发中心+创新创业实验室+双师工作室+企业工作站"等实践平台，以创新创业教育推动专业"三教"改革，共同为学校的创新创业教育提供指导和支持。通过定期召开会议，研究制定相关政策措施，确保创新创业教育的顺利推进。

在实践教学平台建设方面，学校构建了包括创新工作室、创新企业研发中心、创新创业实验室、双师工作室和企业工作站等在内的多元化实践平台，如图 7-2 所示。这些平台为学生提供了丰富的实践机会和真实的项目环境，让他们能够在实践中学习、成长和创新。同时，学校还积极与企业合作，共同开发实践项目，推动产学研深度融合。

在师资队伍建设上，学校注重培养一支具备创新创业教育理念和实践经验的师资队伍。通过定期的培训、研讨和交流，教师们不断提升自身的创新能力和教学水平。同时，鼓励教师悉心指导学生参加各类创新创业大赛，并将学生的创新创业成果融入教材中。以项目化教学模式，辅以现代数字化教学手段，开展创新创业大讲堂、创新创业沙龙等活动，实施"菁苗杯"人才培养计划，将创新创业成果融入人才培养全过程中，服务于专业建设。通过实施"专创融合"和"以赛促创"等措施，提升了教师的教学能力，丰富了教材的核心内容，推动了教法的落实进程，形成了"以赛促创"的良好局面。

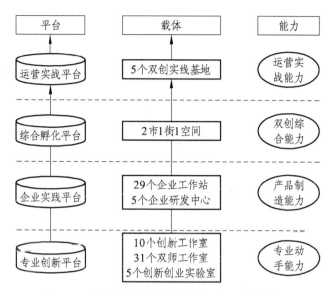

图 7-2 学校创新创业教育实践平台架构图

近三年，每年全校有一半以上学生直接参与了中国国际"互联网+"大学生创新创业大赛等竞赛活动，成绩不断取得突破，累计获得国赛金奖 1项、银奖 4 项、铜奖 2 项，省赛金奖 4 项、银奖 6 项、铜奖 6 项。2022 年全校毕业生创业率达 5.96%，体现了学校在创新创业人才培养方面的努力和成果，也为学生未来的职业发展奠定了坚实的基础。

7.8 保障体系，引领教学质量全面提升

在追求卓越教学质量的道路上，学校始终坚守着质量为本的核心理念，致力于完善组织结构和健全制度体系，以构建一个全面、高效、可持续的内部治理保证体系。学校成立了专门的校内质量保证体系诊断与改进工作委员会，在部门层面成立质量保证工作组，在专业（课程）层面成立质量保证工作小组。以专业诊改和课程诊改为切入点，建立目标体系和标准体系，形成"学校-专业-课程-教师-学生"5 个层面与各管理系统间的质量依存关系，将学校内部质量保证与诊改工作贯穿教育与教学、管理与服务的

全过程。该委员会由学校高层领导亲自挂帅，会聚了校内外的专家、学者以及行业内的资深人士，共同为学校的教学质量提升出谋划策。

在制度体系建设方面，学校从教学、学生教育、管理与服务等多个维度出发，建立了涵盖"酝酿、制定、执行、反馈、完善"等环节的制度建设常态机制。建立具有内生动力的自我保证质量的改进机制，形成事前有标准、事中有监督、事后有考核的系统化制度体系，完善"质量计划（设计目标）、质量控制（实时监测）和质量提升（诊断改进）"管理流程，形成有效的"制度管人，流程管事"运行机制。这一机制不仅注重制度的科学性和合理性，更强调制度的执行力和有效性。通过不断修订和完善各项制度，学校形成了一个事前有标准、事中有监督、事后有考核的系统化制度体系，为教学质量提升提供了坚实的制度保障。

在推进质量诊断与改进工作中，学校以专业整改为引领，选取了多个具有代表性和影响力的专业和课程作为试点对象，通过与行业企业的紧密合作，学校共同制定了详细的诊断指标体系，这些指标不仅关注专业的整体发展，更深入到课程体系、教学效果、师资建设等细节层面。学校以"双高计划"高水平专业群项目的 4 个专业为专业整改试点对象，在试点专业中遴选不少于 3 门课程（其中至少 2 门专业核心课）开展课程诊改试点，更准确地把握教学工作的实际情况，发现存在的问题和不足，进而制定有针对性的改进措施。

学校《基于成果导向的铁道供电技术专业诊断与改进实践》案例成功入选全国诊改专委会全国职业院校教学工作诊断与改进制度建设优秀案例。一是聚焦教师和学生发展，扎实推进诊改。根据学校发展和人才培养的需求，制定了师资"十四五"发展规划，明确了师资发展的目标和标准，从教学能力、科研和社会服务能力、学生管理与服务能力等方面对教师发展现状进行诊断，并据此提供教师职业生涯发展所需的培训和建议。二是对照"双高计划"建设标准，修订学生综合素质标准，完成学生纪律处分、学生行为规范等有关制度的修订，督促学生保持优良学风。通过制定师资发展规划、提供培训建议、修订学生综合素质标准等方式，学校努力激发师生的发展潜力，促进他们全面发展。同时，学校还建立了完善的激励和约束机制，通过表彰优秀师生、督促后进师生等方式，营造良好的教学和学习氛围。

7.9 构建培训高地，服务人才可持续发展

在当前快速发展的时代背景下，学校积极响应国家关于职业教育与区域产业深度融合的号召，以打造大湾区轨道交通技能培训高地为己任，全面推动"育训并举"的办学理念。学校依托国家级示范职教集团——广州工业交通职业教育集团等强大平台，学校紧密对接大湾区轨道交通产业的发展需求，不断探索与区域产业深度融合的办学新路径。

学校精准对接区域产业发展需求，积极与轨道交通企业、行业协会等多方开展紧密合作，共同构建了"项目牵引+资源保障+远程综合培训平台支撑"的培训服务平台。平台通过精准对接企业的实际需求，设计并实施了一系列符合行业发展趋势和岗位需求的培训课程和项目，赋能行业企业技能人才高质量职业培训，有效提升了企业员工的职业技能和综合素质。

学校围绕轨道交通技能人才培训高地的建设目标，突出行业特色，深化产教融合，通过校企行"多元"打造基于"互联网+"的培训项目库+培训资源保障+远程综合培训管理平台支撑的服务平台，全方位满足轨道交通企业对复合技能人才的需求以及行业员工多类型多层次的技能提升需求，全面赋能企业各级各类技能人才成长。服务平台通过项目牵引，引导"多方"专家参与项目研发与实施各环节，专家的参与带来了更丰富的培训资源及科学的考核评价标准。通过信息技术应用实现学员精准"画像"，为培训成效应用提供数据分析，实时反馈培训环节优化。依托国家级教学资源库等数字化资源，支撑面向企业提供"定制式""点餐式"的灵活服务形式。

2022 年开展企业员工技能、农民技能、职业教育师资等各类技能培训服务 20 281 人次，到款 1260.25 万元。学校联合广铁集团、广州地铁、广东地方铁路有限公司等企业，开展轨道交通企业员工岗位技能培训 197 项，

共计 16 211 人次。已初步形成满足企业一线生产主要岗位群的岗位适应性、资格性和岗位复合需求的各级各类技能培训服务体系。整合校企行优质资源,新增企业培训专家 67 人,开发国家级职业教育与继续教育类教材 1 门,制定培训和考核评价标准 6 套,申报立项省级继续教育质量工程示范性职工培训基地 1 个。这些培训项目涵盖了岗位适应性、资格性和复合性等多个方面,为轨道交通企业培养了大量具备高素质、高技能的人才。这些人才不仅为企业的发展提供了有力的支持,也为大湾区轨道交通产业的可持续发展注入了新的活力

未来,学校将继续秉承"育训并举"的办学理念,深化产教融合,加强与轨道交通企业、行业协会等多方的合作与交流。同时,学校还将积极探索新的教学模式和培训方式,不断提升教学质量和培训效果,为打造大湾区轨道交通技能培训高地做出更大的贡献。

7.10 案例经验总结

广州铁路职业技术学院在数字化转型的实践中,不仅展示了该校在教育信息化方面的前瞻视野和坚定决心,更通过一系列的实践措施,积累了宝贵的经验,这些经验对于其他职业院校在推进数字化转型过程中具有重要的参考价值和借鉴意义。

1. 技术技能课程的更新

企业的数字化转型对高职教育中技术技能课程提出了全新的要求。传统的技能培养方式已不再足够,学生需要与云计算、大数据分析和人工智能等新兴技术、工具和平台相结合。为了帮助学生适应企业数字化转型的要求,高职院校需要开发新的课程和更新现有课程,使学生能够掌握最新的技术,并培养他们适应企业数字化转型的能力。在云计算课程中,学生们将全面了解云平台的运作机制,学习如何高效利用云服务为企业创造价值。他们将通过实践项目,掌握云平台的操作技巧,为未来的职业生涯打

下坚实的基础。

大数据分析课程将引领学生们走进数据的世界,学习如何收集、整理、分析和可视化数据。他们将通过实际案例,了解数据在企业决策中的重要作用,并学会利用数据为企业带来洞察力和竞争优势。人工智能课程将让学生们接触到智能技术的最前沿。他们将学习人工智能的基本概念、原理以及机器学习和深度学习的技术细节。通过参与实际的人工智能项目,学生们将亲身体验到人工智能技术为企业带来的变革和机遇。除了技术知识的传授外,还需让学生们通过团队合作和案例分析,培养学生的创新思维和问题解决能力,学会如何灵活应对企业数字化转型中的挑战和机遇。他们将成为数字化转型的积极参与者和创新者,为企业的发展贡献自己的力量。

2. 实践导向的教学方法

目前,传统的理论教学已经无法满足企业数字化转型时代的需求,高职院校应提倡实践导向的教学方法,如项目驱动学习和实践实习等,通过让学生参与真实的项目开发和解决实际问题,培养学生的实际操作能力和问题解决能力。学生们在项目中扮演实际角色,面对真实的挑战,需要运用所学知识和技能来解决问题。这种学习方式不仅让学生更加贴近实际工作环境,还能帮助他们更好地理解企业数字化转型中的挑战,并锻炼他们应对复杂情况的能力。

实践实习同样是一种重要的实践导向教学方法,通过在企业中实习,学生们能够深入了解数字化转型的整个过程,与团队成员合作完成具体任务和项目。实习经验为学生提供了宝贵的实践机会,让他们能够将理论知识应用于实际操作中,同时也锻炼了他们的职业素养和团队合作能力。

这些实践导向的教学方法强调在真实环境中学习和成长的重要性。不仅能培养学生的实际操作能力和问题解决能力,还让他们更加了解行业的实际需求,更好地应对企业数字化转型带来的挑战。

3. 跨学科合作与综合能力培养

在企业数字化转型的大背景下,对于人才的需求已不再局限于某一专业领域内的技术专才，而是渴求那些具备综合能力和跨学科思维的复合型人才。针对这一需求，高职院校应积极通过跨学科合作与综合能力培养，为学生们提供更为全面和实用的教育。

跨学科合作项目的实施，为学生们提供了一个宝贵的平台。不同专业的学生可以组成软件开发团队、数据分析团队等，共同面对并解决数字化转型中的复杂问题。在这个过程中，学生们可以互相借鉴、交流，结合各自的专业知识和技能，共同找到最优解，不仅让学生们深入学习到自己专业领域的知识，还拓宽了他们的视野，了解了其他学科的观点和方法，通过跨学科合作，学生们能够培养起团队合作、沟通协作和问题解决能力。在真实的项目环境中，他们需要有效沟通、紧密协作，共同面对挑战。这样的经历不仅锻炼了他们的专业技能，更提升了他们的领导能力和团队精神。此外，跨学科合作还促进了学生们对数字化转型全局性和综合性的理解。他们开始意识到，数字化转型不仅仅是技术层面的变革，更是涉及企业运营、管理、市场等多方面的综合性工程。这种跨学科的视角让他们更加全面地理解问题，培养学生的创新能力和综合思维，为学生们的未来发展奠定坚实的基础，让他们成为推动企业数字化转型的中坚力量。

高职院校培养人才归根到底还需回归企业需求，只有紧跟企业数字化转型的步伐，不断更新教育理念和方法，高职教育才能培养出更多符合时代需求的技术技能人才，为社会和经济的持续发展注入新的活力。广州铁路职业技术学院的数字化建设为高职教育的可持续发展具有积极的贡献，对如何提供适应企业数字化转型需求的技术技能人才有一定指导和支持价值。

参考文献

[1] 光明网. 陈世清：对称经济学术语表[EB/OL].(2019-08-28)[2024-05-15]. https://baike.baidu.com/reference/10227477/2846oGyQtmvhIMbrtIb-OJ bwJ8ELbw53uJbRUA-iI_9Ed0gafKPgE2W0gFR-23UYLOEzd2yiECWU dUyvuRltJTvmCLA.

[2] 中华人民共和国国民经济和社会发展第十四个五年规划和 2035 年远景目标纲要[EB/OL]. (2021-03-13)[2024-05-15]. https:// www.gov.cn/ xinwen/ 2021-03/13/ content_5592681.htm.

[3] 国务院关于印发国家职业教育改革实施方案的通知[EB/OL].(2019-02-13)[2024-06-18]. https://www.gov.cn/zhengce/content/ 2019-02/13/ content_5365341. htm.

[4] 国务院关于加快发展现代职业教育的决定 [EB/OL]. (2014-06-22)[2024-07-01]. https://www.gov.cn/zhengce/content/2014-06/ 22/content_8901. htm.

[5] 国务院办公厅关于深化产教融合的若干意见[EB/OL]. (2017-12-19)[2024-05-15]. https://www.gov.cn/zhengce/content/2017-12/19/content_5248564. htm.

[6] 宋军平. 地方政府促进高职院校产教融合发展研究——以甘肃省为例[D]. 兰州：西北师范大学，2019.

[7] 中共中央办公厅 国务院办公厅印发《关于深化现代职业教育体系建设改革的意见》[EB/OL].(2022-12-21)[2024-05-16]. https://www.gov.cn/zhengce/ 2022-12/21/content_5732986.htm.

[8] 教育部等六部门关于印发《职业学校校企合作促进办法》的通知[EB/OL].(2018-02-12)[2024-05-16]. http://www.moe. gov.cn/srcsite/A07/s7055/201802/t20180214_327467.html.

[9] 教育部关于深入学习贯彻《国家职业教育改革实施方案》的通知[EB/OL]. (2019-05-06)[2024-05-16]. https://www.gov.cn/zhengce/zhengceku/2019-12/03/content_5458047.htm.

[10] 中共中央办公厅 国务院办公厅印发《关于深化现代职业教育体系建设改革的意见》[EB/OL]. (2022-12-21)[2024-05-17]. https://www.gov.cn/zhengce/2022-12/21/content_5732986.htm.

[11] 教育部办公厅关于开展市域产教联合体建设的通知[EB/OL]. (2023-04-18)[2024-05-17]. https://www.gov.cn/zhengce/zhengceku/2023-04/22/content_5752652.htm.

[12] 中共中央、国务院印发《中国教育现代化 2035》[EB/OL]. (2019-02-23)[2024-05-20]. https://www.gov.cn/xinwen/2019-02/23/content_5367987.htm.

[13] 中共中央办公厅、国务院办公厅印发《加快推进教育现代化实施方案（2018—2022 年）》[EB/OL]. (2019-02-23) [2024-05-20]. https://www.gov.cn/ xinwen/2019-02/23/content_5367988.htm.

[14] 教育部等六部门关于推进教育新型基础设施建设构建高质量教育支撑体系的指导意见[EB/OL].(2021-07-01)[2024-05-20]. https://www.gov.cn/zhengce/zhengceku/2021-07/22/content_5626544.htm.

[15] 教育部 2022 年工作要点[EB/OL].(2022-02-09)[2024-05-21]. https:// www.gov. cn/ xinwen/2022-02/09/content_5672684.htm.

[16] 二十国集团教育部部长会议举行[EB/OL]. (2022-09-01)[2024-05-25]. http://www.moe.gov.cn/jyb_xwfb/gzdt_gzdt/moe_1485/202209/ t20220901_657245.html.

[17] 描绘新时代教材建设蓝图[EB/OL]. (2020-01-15)[2024-05-25]. http://www.moe.gov.cn/jyb_xwfb/xw_zt/moe_357/jyzt_2020n/2020_zt04/baodao/202004/t20200409_441835.html.

[18] 教育部办公厅关于印发《"十四五"职业教育规划教材建设实施方案》的通知[EB/OL].(2021-12-03)[2024-05-27]. https://www.gov.cn/zhengce/zhengceku/ 2021/12/08/content_5659302.htm.

[19] 习近平在全国教育大会上强调 坚持中国特色社会主义教育发展道路 培养德智体美劳全面发展的社会主义建设者和接班人[EB/OL]. (2018-09-10) [2024-06-06]. https://news.cnr.cn/native/gd/20180910/t20180910_524356347. shtml.

[20] 国务院办公厅关于深化高等学校创新创业教育改革的实施意见 [EB/OL].(2015-05-13)[2024-05-16]. https://www.gov.cn/zhengce/ content/2015-05/13/content_9740.htm.

[21] 广州市轨道交通产业联盟. 广州市轨道交通产业人力资源发展报告 2023[M]. 北京：清华大学出版社，北京交通大学出版社，2024.

[22] NADKARNI S, PRUGL R. Digital transformation: a review, synthesis and opportunities for future research[J]. Management Review Quarterly, 2021, 71(2): 233-341.

[23] VIAL G. Understanding digital transformation: a review and a research agenda[J]. The Journal of Strategic Information Systems, 2019, 28(2): 118-144.

[24] CHANIAS S, MYERS M D, HESS T. Digital transformation strategy making in Pre-digital organizations: the case of a financial services provider[J]. The Journal of Strategic Information Systems, 2019, 28(1): 17-33.

[25] HANELT A. Digital transformation in the automotive industry: towards a holistic framework[J]. Journal of Business Research, 2021, 128: 537-549.

[26] 管考磊，朱海宁，王鸿伟. 重点产业政策与企业数字化转型：基于资

源配置视角[J]. 投资研究，2023, 42(10): 26-43.

[27] WARNER K S R, WÄGER M. Building dynamic capabilities for digital transformation: an ongoing process of strategic renewal[J]. Long Range Planning, 2019, 52(3): 326-349.

[28] NAMBISAN S, LYYTINEN K, MAJCHRZAK A, et al. Digital innovation management: reinventing innovation management research in a digital world[J]. MIS Quarterly, 2017, 41(1): 223-238.

[29] 毛宁，孙伟增，杨运杰，等，交通基础设施建设与企业数字化转型：以中国高速铁路为例的实证研究[J]. 数量经济技术经济研究，2022, 39(10): 47-67.

[30] 吴非，胡慧芷，林慧妍，等. 企业数字化转型与资本市场表现：来自股票流动性的经验证据[J]. 管理世界，2021, 37(7): 130-144, 10.

[31] 高杰. 企业数字化转型对绿色创新的影响研究[J]. 电子商务评论，2024, 13(4): 2100-2109.

[32] 杨满福，桑新民. 从 Deep-Learning 到 DeepSeek：人工智能赋能大学功能范式重构的挑战、转型与新生态[J]. 现代教育技术, 2025, 35(04): 5-13.